保险线上成交

DEAL ONLINE

勾俊伟——编著

U0745729

新媒体营销实战课

人民邮电出版社

北京

图书在版编目（CIP）数据

保险线上成交：新媒体营销实战课 / 勾俊伟编著
. -- 北京：人民邮电出版社，2020.10 （2021.6重印）
ISBN 978-7-115-54796-5

Ⅰ. ①保… Ⅱ. ①勾… Ⅲ. ①保险业务－网络营销
Ⅳ. ①F840.41

中国版本图书馆CIP数据核字(2020)第167913号

内 容 提 要

本书系统阐述了保险代理人通过互联网获取客户并实现成交的策略与方法。第 1 章重点介绍保险代理人的新媒体营销总思路，其中包括新媒体营销在保险行业的价值、必备思维及细节工作；第 2 章重点介绍新媒体营销的起步策划，通过介绍头像、名字、简介等细节模块的设计方法，引导读者建立起与客户沟通的第一印象；第 3 章重点介绍线上客户的挖掘技巧，包括搜索法、追踪法、提问法和群组法等具体方法；第 4 章重点介绍朋友圈营销的方法，特别是朋友圈选题策划、内容规划及创作技巧；第 5 章重点介绍保险代理人的社群成交技巧，包括团队搭建、运营策划、社群激活和私聊沟通等；第 6 章重点介绍内容营销的具体方法，尤其是保险类文章的创作技巧与推广方法；第 7 章重点介绍视频营销的技巧，包括视频营销平台、短视频平台算法、视频内容选题等；第 8 章重点介绍提升保险成交效率的实用工具，引导读者了解各类软件的使用场景与技巧。

本书适合保险从业者使用，也可作为本科院校及高职高专院校市场营销类、企业管理类等专业营销课程的教学用书。

◆ 编　著　　勾俊伟
　　责任编辑　古显义
　　责任印制　王　郁　焦志炜

◆ 人民邮电出版社出版发行　　北京市丰台区成寿寺路 11 号
　　邮编　100164　　电子邮件　315@ptpress.com.cn
　　网址　https://www.ptpress.com.cn
　　天津翔远印刷有限公司印刷

◆ 开本：720×960　1/16
　　印张：10.5　　　　　　　2020 年 10 月第 1 版
　　字数：147 千字　　　　　2021 年 6 月天津第 3 次印刷

定价：49.80 元

读者服务热线：(010)81055256　印装质量热线：(010)81055316
反盗版热线：(010)81055315
广告经营许可证：京东市监广登字 20170147 号

前　言

据中国互联网络信息中心（CNNIC）于2019年发布的第44次《中国互联网络发展状况统计报告》显示，我国网民规模达8.54亿，网民使用手机上网的比例达99.1%，几乎每个网民每天都会打开微信、微博、抖音等软件。

有用户的地方，就有营销。因此，越来越多的保险代理人开始尝试借助互联网，挖掘客户并期待签单。不过，在具体的执行过程中，保险代理人又会遇到不同的问题，如：

"为什么我认真发朋友圈，却被客户屏蔽了？"

"我建了一个保险咨询微信群，为什么发红包有人抢，平时却没人说话？"

"听说写一篇'干货'文章并发在知乎上，能获得不少咨询，为什么我就不行？"

"我不会唱歌跳舞，应该怎样在抖音上做营销？"

……

之所以出现以上问题，主要有两方面的原因。

首先是思路不清晰，没有系统地设计出"引流""运营""转化"等环节，只是简单粗暴地把各个软件当作发广告的渠道。

其次是运营细节不到位，如在社群营销时，只知道建群并发广告，不懂得搭建运营团队、设计日常项目、策划定期活动等细节，导致"看起来什么都做了，但没有任何效果"的情况发生。

本书编写特色

● 思路清晰：本书立足于保险行业的新媒体营销领域，通过对客户挖掘、内容策划、私聊转化等营销方法的系统讲解，帮助读者厘清自己的优势资源并设计出独特的营销思路。

● 案例丰富：本书内容中加入大量真实的保险代理人案例，采用图文并茂的形式，读者在学习过程中能更直观、更清晰地掌握新媒体营销的实战技巧，全面提升学习效果。

● 技巧落地：本书对软件、小程序等保险实用工具进行了讲解，通过对这些工具使用方法的学习，保险代理人的线上获客更高效。

相信本书能够为读者打开保险行业新媒体营销的大门，帮助读者解决线上成交过程中的问题，从而有效提高读者的保险签单效率。

本书也可以作为本科院校及高职高专院校市场营销类、企业管理类等相关专业的教材。如果选用本书作为教学用书，建议安排32～48学时。

本书由勾俊伟编著，尽管在编写过程中力求准确、完善，但书中可能还有疏漏之处，恳请广大读者批评指正。

对本书的意见和建议，请发至邮箱：goujunweitj@163.com，在此深表谢意！

编者

2020年6月

目录

第 1 章 ———————————

保险代理人的新媒体营销总思路

在学习如何通过新媒体开展保险的线上成交工作之前，我们先来了解一下保险代理人的新媒体营销总思路。

1.1 新媒体是什么？如何理解新媒体营销

1.1.1 快速入门：到底什么是新媒体

我在每次为保险团队培训前，都会提前发放微信问卷，看看大家最想学的什么、最不懂的是什么。有趣的是，我本以为大家最疑惑的是"如何发朋友圈""怎样用社群实现成交"等问题，但实际上，大家每次提问最多的是："到底什么是新媒体"，如图 1-1 所示。

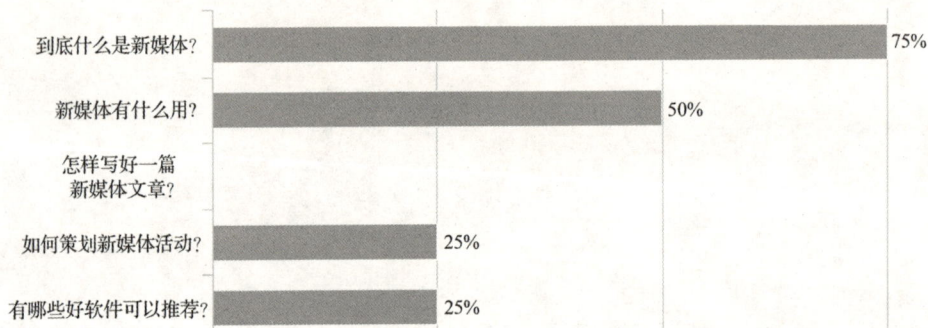

图 1-1

不过，这也不足为奇。当我们接触一个新鲜事物的时候，往往先要搞明白它是什么，下一步才是如何用好它。

新媒体到底是什么？在网上进行搜索后，你会得到以下答案。

新媒体是利用数字技术，通过计算机网络、无线通信网、卫星等渠道，以及计算机、手机、数字电视机等终端，向客户提供信息和服务的传播形态。从空间上来看，"新媒体"特指当下与"传统媒体"相对应的，以数字压缩和无线网络技术为支撑，利用其大容量、实时性和交互性，可以跨越地理界线，最终得以实现全球化的媒体。

看到这样的定义，你是不是依然感觉云里雾里？其实，保险代理人不需要做学术研究，因此对于"什么是新媒体"，你只需要记住 4 个字：相对概念。

新媒体不是一个固定的平台或软件，当人们谈到新媒体时，往往需要有一个参照物，我们把这个参照物称为"传统媒体"。随着媒体传播渠道的更新换代，新媒体平台在不断更新，如图 1-2 所示。

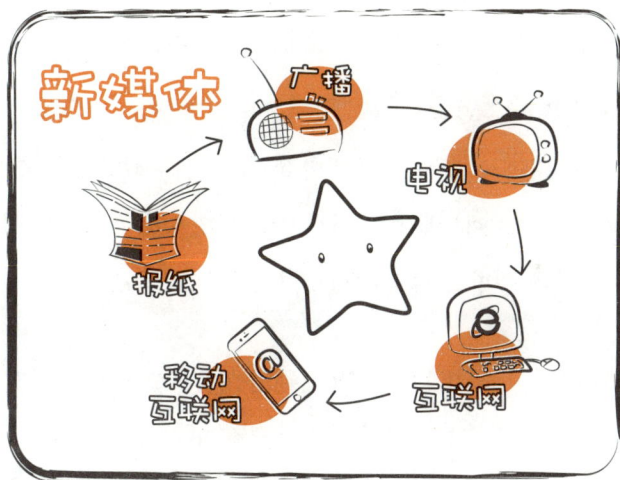

图 1-2

1906 年圣诞节前夜，位于美国纽约附近的一家广播站进行了有史以来第一次广播，广播的内容是两段笑话、一支歌曲和一支小提琴独奏曲，这些节目被当时处于不同位置的人们清晰地收听到了。随后，广播逐渐成为一种新型媒体传播渠道，相应地，报纸成为了传统媒体。

正如"广播"取代"报纸"的地位一样，随着电视走进千家万户，越来越多的人开始在电视上看新闻、看晚会、追电视剧，"电视"成为新媒体，"报纸和广播"都成了传统媒体。

可能你会有印象，20世纪90年代末，一大拨网站出现了——大家在新浪网看新闻、在QQ上聊天、在天涯论坛发帖子……我们的注意力开始从报纸、广播和电视转移到了互联网。这时候，"互联网"是新媒体，以前的报纸、广播和电视都成了传统媒体。

到了今天，大家在谈论"新媒体"时，其实还是在谈基于互联网的各种媒体形式——既包括PC端的各类网站、博客、搜索引擎，又包括移动端的各类软件、小程序等。

因此，对于保险代理人而言，他们知道新媒体是个相对概念，用好新媒体就是用好PC端设备和移动端设备，就够了。

理解了"新媒体"后，接下来，什么是"新媒体营销"呢？

1.1.2 理清概念：什么是新媒体营销

不少保险代理人都听过这样一段顺口溜："一日一访，就有希望；一日二访，生活阳光；一日三访，奔向小康；一日四访，有钱买房……"按照传统的保险营销方式，你需要把大量时间花在电话营销和客户拜访上，甚至需要不停地在路上奔波。

利用新媒体平台，足不出户就可以找到潜在客户、获得信任并实现成交。

例如，我的一位深圳学员，在本地的宝妈微信群做了1小时微分享，500人的群里直接有100多位微信群好友加她微信并主动咨询，如图1-3所示。

如果按照传统的方式，增加100多个精准客户，恐怕要一个月甚至会更久。

现在，你应该对"新媒体营销"有了一个初步的认识。

我们总结一下：对保险代理人而言，新媒体营销就是利用微信群、朋友圈、微博、抖音、今日头条等新媒体平台或工具，打造自己的品牌并实现线上保险成交。

图 1-3

1.2　新媒体营销在保险行业的五大黄金价值

知道了"新媒体""新媒体营销"的概念，接下来，新媒体营销对保险代理人到底有什么用呢？在讲课互动时，我也经常把这个问题抛给大家，让现场的学员试着回答。有趣的是，大家的回答离不开三个字：发广告。

"我觉得，新媒体营销其实就是指在朋友圈发广告。"

"对我们保险代理人来说，新媒体营销应该是指在微信群里发广告吧！发了广告等着客户来加我。"

"现在抖音不是挺火的嘛！我理解的新媒体营销其实就是指在抖音拍个广告视频，宣传我自己。"

乍一看似乎都没错，但是站在客户的角度去看这件事，你会发现问题——假如有这样一位保险代理人（见图 1-4），每天在朋友圈发枯燥且"刷屏"的广告，客户凭什么会喜欢他呢？

图 1-4

对于这样的保险代理人，恐怕不少客户会将微信设置为"不看他的朋友圈"，甚至直接"拉黑"这位保险代理人！

其实，新媒体对保险代理人真正的价值绝不是"发广告"，而是以下五大黄金价值，如图 1-5 所示。

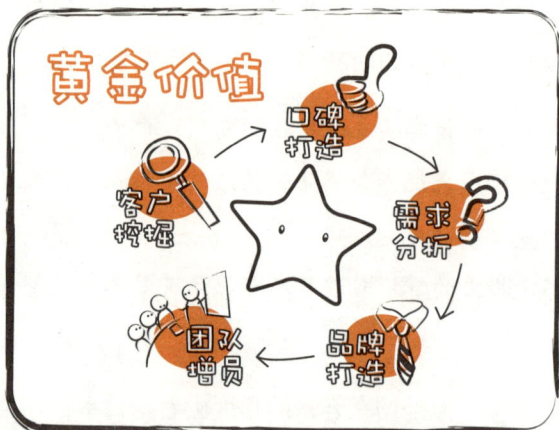

图 1-5

1. 客户挖掘

借助新媒体，你可以主动出击，挖掘到更多精准客户。

例如，在这条微博里（见图 1-6），客户已经开始仔细思考"哪家保险好"，并且明确表示自己在"关注保险""得抓紧去买了"，这就是一个精准程度极高的客户啊！不过很可惜，目前下方的"评论"仍然是零，显然，各位保险代理朋友还没有发现她。

4月24日 19:54 来自 iPhone客户端

有了孩子就希望自己活得久一点，昨天开始关注保险，看了下还是打算买消费型的保险，返还型的不划算，还不如我买的银行理财的，现在就是不知道哪家保险好，得抓紧去买了

☆ 收藏　　　🔗 转发　　　💬 评论　　　👍 赞

图 1-6

2. 口碑打造

请回忆一下自己最近的网购经历。当你在淘宝或京东看到一款产品，不论价格还是图文介绍都让你很心动时，你会直接下单购买吗？

我们调查后发现，多数人在下单之前，还会做一个动作——查看评价。如果产品评价也很"靠谱"，这时候你才会放心下单；相反，如果产品好评率不高，甚至出现图文结合的差评，恐怕你会直接关闭这款产品的页面，去看其他卖家的产品。

其实不止网购，大家在日常生活中也很重视评价和口碑。进饭店前，你会习惯性地先看看这家店在大众点评的口碑和星级；看电影前，你会先打开豆瓣看看电影打分；我的客户在与我合作前，也会先在百度搜索"勾俊伟"，看到正面的信息后才更放心，如图 1-7 所示。

这就是口碑的价值，好的口碑会让客户更放心地找你签单。

保险行业也是如此，客户在找你买保险前，会先搜一搜你和你的公司，如果搜索后没发现什么正面内容，客户也许会心生疑虑。

现在，你不妨打开百度，搜一搜你的名字，再搜一搜你的公司名称，查看一下口碑。

图 1-7

3. 需求分析

《孙子兵法》曰："知己知彼，百战不殆。"做营销必须对客户的情况了如指掌，这样你才能对成交更有把握。

传统的需求分析方式是"线下聊天"，保险代理人通过一对一沟通，了解客户的基本情况。不过，并不是每个客户都愿意线下见面，也不是每个客户都会向你敞开心扉，所以很多时候你无法对客户进行更有针对性的需求分析。

而利用新媒体平台，你可以从更多维度分析对方的需求，客户的朋友圈、微博、QQ空间里，其实隐藏着不少信息。

例如，你在翻阅某个客户过往的朋友圈时，发现这样一条内容，如图 1-8 所示。

仅通过这条朋友圈，你就能知道客户经常出差，且常坐飞机。显然，你可以尝试向他推荐航空意外险了。

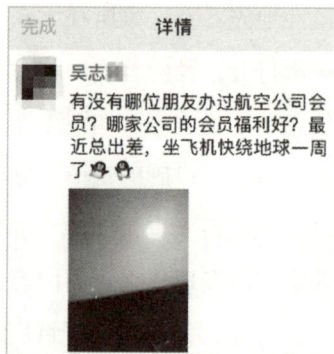

图 1-8

4. 品牌打造

如果只看这些广告语，你能否猜出这是哪个品牌？

（1）要想皮肤好，早晚用＿＿＿＿＿＿＿＿

（2）好空调，＿＿＿＿＿＿＿＿造

（3）车到山前必有路，有路就有＿＿＿＿＿＿＿＿车

（4）＿＿＿＿＿＿＿＿一下，你就知道

看到以上 4 句广告语，多数人都能脱口而出（答案是：大宝、格力、丰田、百度）。其实这就是品牌的力量——让大家一想到这个行业，就能想到你。

虽然保险代理人无法像以上几家公司一样，花大笔钱投放广告；但是，你可以尝试打造自己的互联网品牌，这是不花一分钱的。

打造个人品牌，需要做的是在网上持续输出自己的观点和"干货"，用文字、图片或短视频的形式，让更多人记住你。

有品牌，好成交。

5. 团队增员

这一点其实和上述"品牌打造"是相关的。由于你有品牌、你的生活状态让人羡慕、你输出的观点让人信服，那么你的粉丝会逐渐增加。

一开始，你的粉丝只是觉得你写得不错，为你点赞或转发；接下来，因为你的专业度，粉丝会购买你所推荐的保险，成为你的客户；接着，一部分粉丝因为喜欢你的状态，而希望加入你的团队。

总结一下，新媒体营销对保险代理人到底有什么用呢？这五大黄金价值——客户挖掘、口碑打造、需求分析、品牌打造和团队增员，需要你牢记。

1.3 玩转新媒体，先要有这些思维

先来看这样一个小故事。

穷人和富人都发现了一座金矿，于是他们开始努力掘金。

穷人的方法很简单——挖金子、大吃一顿、吃完没钱了再去挖金子。而富人体力不好，一开始挖得很慢，好不容易挖出金子只买了简单的食物充饥，其他的

钱攒了起来。

几天后，穷人仍然在努力挖金子，而富人开始雇人帮他挖，自己只是坐在旁边监督。又过了几天，富人又多雇了几个人……

一年过去了，努力工作的穷人依然在重复着"挖金子→大吃一顿→没钱再去挖金子"的生活，赚的钱都花了，金矿只挖了一角；而富人早已雇了一整个团队的人把金矿开采完，赚到的钱用来继续投资，手里的钱越来越多。

面对同样的事物，思维不一样，结果也不一样。面对新媒体，你需要先具有一些新媒体思维，再去实践。否则，只知道每天群发广告或者转发文章，反而会让你的客户反感。

1.3.1　客户思维

客户思维是新媒体营销的基本思维框架，如果你希望自己在网上的推广能有效果，那就一定要站在客户的立场思考问题。

什么是"不站在客户的立场思考问题"？

例如，一个微信好友突然给我发了两张海报，海报内容是关于大学生求职，让我觉得莫名其妙，如图 1-9 所示。

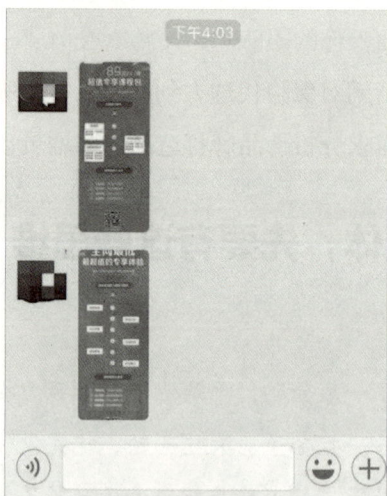

图 1-9

如果发海报之前，他站在客户的角度思考，至少会发现两个细节是欠妥的。

第一，没有为客户写好专门的转发语。假如，他在发完海报后说，"勾老师您好，我在做一个大学生求职的项目，如果您这边有合适的伙伴，欢迎您转给他"，这样我的接受程度应该会更高一些。

第二，没有按照一定标签属性群发。他可以利用微信标签，专门标记出微信好友里的大学生，随后有选择性地群发给大学生，而不是群发给所有人。

所以，千万不要想当然，做自认为对的事情。当你站在客户的角度思考问题时，你在进行新媒体营销时的细节就自然有了答案。

保险代理人要在什么时候发朋友圈？不是看你什么时候有空，而是要思考客户什么时候在浏览。

保险代理人要发什么样的微博？不是看你想发什么，也不是看总部给你发了什么标准话术，而是要分析客户可能关注的话题。

保险代理人要如何在微信群挖掘客户？不是看你手头有哪些群，而是要看你所销售的保险对应的客户，他们在什么样的群，他们喜欢聊什么样的话题。

俗话说"当局者迷，旁观者清"，你必须思路清晰地做好客户分类、了解每一类客户的特点与喜好，才有可能利用新媒体这个武器，"拿下"更多客户。

1.3.2　场景思维

随着生活节奏的加快，潜在客户一天之内会处于不同的场景，除了家和公司，他还会进入公交车、超市、饭店、影院、公园等不同的场景。

在如此多的场景下，如果只是写好统一的朋友圈文字、做出创意海报，你依然无法吸引潜在客户驻足——诱惑那么多，人家为什么要停下来看你的广告？

因此，你必须针对不同的场景，设计专属的新媒体营销方式，这就是场景思维。

有两个数字会决定保险代理人的业绩——客户数量和客户精准程度。如果你想获取更多精准的客户，那就必须从场景切入，思考自己的营销方式。

我有一位福建的学员，直接在社群中完成车险签单，他就是随时在用场景思维思考问题。

例如，他不随便加群，只加入付费的高端车友会群，因为这里是客户经常出现的场景；又如，他不随意发广告，只在车友会做社群活动时赞助奖品，因为这是客户参与度最高的场景——从客户的场景切入，他获得了更多机会。

1.3.3 工具思维

在新媒体领域，使用新媒体工具是高手区别于小白的标志。

擅用新媒体工具的人，往往效率更高——你花了半天时间做出一张图发给客户，人家用 5 分钟直接生成一张海报，质量不见得比你差。因此，在新媒体营销过程中，你需要培养自己的工具思维，时刻关注最新工具并熟练掌握一些优质工具，让自己的新媒体内容既有新意又有效率。

对保险代理人而言，常用到的工具包括四类：设计工具、社交工具、管理工具和成长工具，如图 1-10 所示。

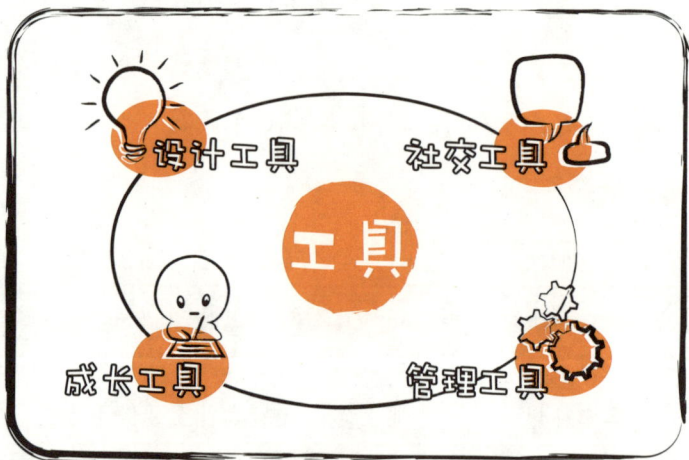

图 1-10

首先是设计工具。你的手机上需要常备设计工具及小程序，在大家发文字时你发图片，在大家开始发图片时你发创意图，大家学会发创意图时，你已经开始做创意视频了！

其次是社交工具。你的手机需要有微信、微博、钉钉等多款社交工具——既然做新媒体营销，一定需要筛选客户、适时跟进。

接着是管理工具。保险代理人不是独立的个体，除了见客户外，通常还要和团队进行沟通与协作。所以，你需要定期关注团队管理工具，包括团队协同工具、文件共享工具、学习打卡工具等。

最后是成长工具。这已经不是一个"熟记话术就能卖出保险"的时代了，你需要借助新媒体工具提升自己的综合能力，这类工具包括"得到""喜马拉雅""荔枝 FM"等。

1.4　线上成交，你要做好这些细节工作

上一节中挖金矿的故事，向我们展示了思维的重要性。

这个故事其实还可以继续往下延伸——如果你也打算前往金矿掘金，拥有正确的思维，就可以成功实现掘金"变现"吗？显然不是。除了思维外，你还需要做一些更落地的准备，例如以下几个方面。

（1）准备一张地图，防止去金矿的路上不小心迷路。

（2）准备一些干粮，毕竟刚开始挖金矿纯粹在拼体力。

（3）准备掘金工具，徒手挖矿是没办法坚持的。

（4）准备人脉清单，掘金成功后，马上联系回收公司并卖出去，同时马上联系更多人加入，这样自己就可以站在旁边监督了。

同理，如果你打算前往"保险 + 新媒体"的金矿掘金，除了以上的客户思维、场景思维和工具思维外，也需要进行更多细节准备。

1.4.1　设计一个细分的定位，让自己与众不同

在微信大数据分析平台"新榜"搜索"保险"两个字后，你会发现，有4451 条结果与关键词"保险"有关，如图 1-11 所示。

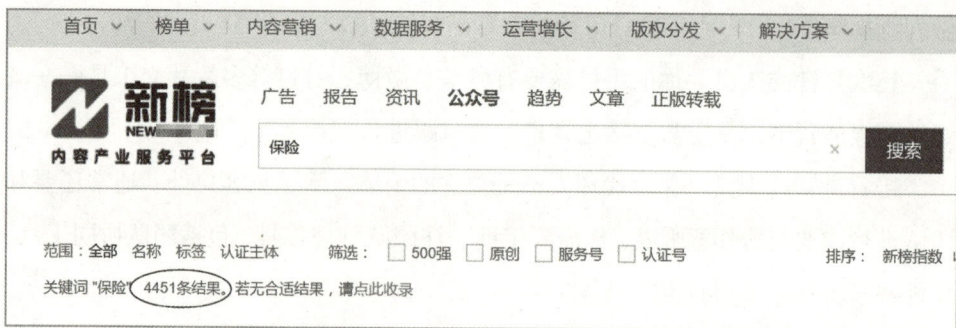

图 1-11

　　这 4451 条结果全部是公众号，如果你把微博、抖音、知乎、快手等平台加在一起，恐怕有不止 10 万个保险类账号。

　　那么，如何在这么多保险类账号中脱颖而出？

　　作为一个后来者，显然你不能随便注册一个很宽泛的账号（如"老勾说保险"），这样会让你的账号在成千上万个账号里被淹没。

　　你要做的是：设计一个细分的定位，让自己更具有差异化、更加与众不同。

　　那么，如何设计细分定位？你可以尝试通过 3 个维度来思考，如图 1-12 所示。

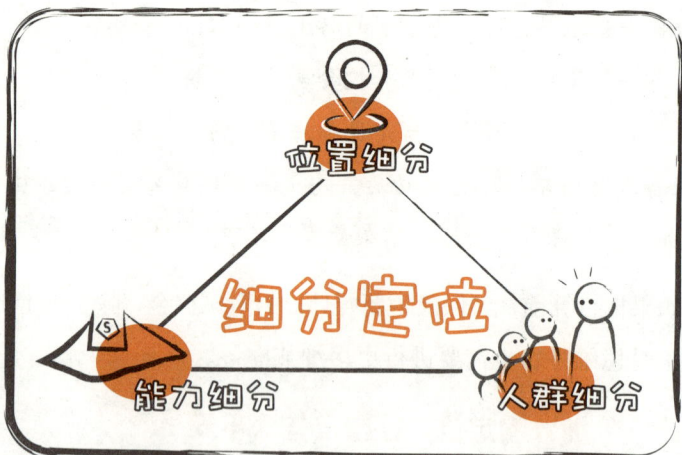

图 1-12

第一个维度是根据位置细分，如个人定位是"上海保险达人""北京保险达人"。

第二个维度是根据人群细分，如打造"最懂宝妈的保险代理人""最懂高净值人群的保险代理人"标签。

第三个维度是根据能力细分，如设计"擅长设计的保险代理人""擅长瑜伽的保险代理人"等。

1.4.2　评估自己的优势能力，制订行动计划

如果你打算在线下开一家超市，和房东签了租房合同后，就直接开始敲锣打鼓、发传单吗？

一定不会的。就算敲锣打鼓把人引进来，人家看到是毛坯房、货品散落一地，也会直接走掉。

因此，你要做好店面装修、门头装饰、货架摆放等工作，再去招揽顾客。

新媒体营销也是这样。你在设计出自己的定位后，接下来不是马上开始发朋友圈，而是制订行动计划。

接下来，请你认真思考并回答以下 5 个问题，把结果记下来。

（1）我挺喜欢写文章，以前有过在 QQ 空间或博客上写日记的经历。（符合 / 不符合）

（2）我蛮喜欢拍照的，有自拍照，也有风景照。（符合 / 不符合）

（3）我爱看短视频，手机里安装了抖音、快手之类的软件。（符合 / 不符合）

（4）用手机拍照后，我一般会用软件修修图，给照片做一些装饰。（符合 / 不符合）

（5）我偶尔会随手拍一段短视频，发在朋友圈或抖音。（符合 / 不符合）

以上 5 个问题，其实针对的是不同的新媒体能力。你可以根据自己的实际情况，制订出最适合自己的行动计划。

如果"（1）"最符合你，那么你可以用文字进行获客，接下来在行动计划里，列出"注册微信公众号""注册今日头条""撰写'干货'文章"等工作，如图1-13所示。

我的新媒体营销行动计划					
序号	类别	内容	预计完成时间	实际完成时间	备注
1	注册	注册微信公众号	2020/2/2		
2	文章	撰写"干货"文章：《大学毕业前，这些保险知识你必须知道！》	2020/2/3		
3	注册	注册今日头条	2020/2/3		
4	推广	把2月3日的"干货"文章，推广到微信群	2020/2/4		
5	文章	撰写广告文章，推一下近期开门红的×××险	2020/2/5		
6	注册	注册知乎	2020/2/4		
7	……	……	……		

图 1-13

同理，如果以上"（2）""（4）"符合你，那么你可以重点用图片做营销，接下来你要开始做的不是注册什么公众号，而是设计不同的海报和照片，在朋友圈、微博及社群里宣传自己。

如果以上"（3）""（5）"符合你，那么接下来你可以尝试做短视频，把"注册抖音账号""注册快手账号""策划短视频内容"放在自己的新媒体行动计划里。

1.4.3 拿出固定的练习时间，让行动不被拖延

每年年初，不少人都爱制订年度计划。其实，很多人的年度计划，就是"搞

定"去年制订的那些原定于前年要完成的计划。

为什么？原因是两个字：拖延。

明知道健身对身体好，但你就是没办法劝自己去健身房；明知道读书对成长好，但你就是只买书不读书；同样，明知道新媒体营销可以提升业绩，但你就是懒得花时间写文章或者拍视频。

《异类》的作者格拉德威尔曾经提出"一万小时定律"的概念，他认为人们眼中的天才之所以卓越非凡，并非天资超人一等，而是付出了持续不断的努力，一万小时的锤炼是任何人从平凡变成世界级大师的必要条件。

做好保险行业的新媒体营销，未必需要一万小时；不过，也需要投入时间，定期输出内容。例如，阳光明欣理财中心创办人、《给成交一个理由》作者叶云燕，之所以能够在微博、微信公众号等平台打造出自己的线上品牌，离不开日复一日的更新与内容输出，如图 1-14 所示。

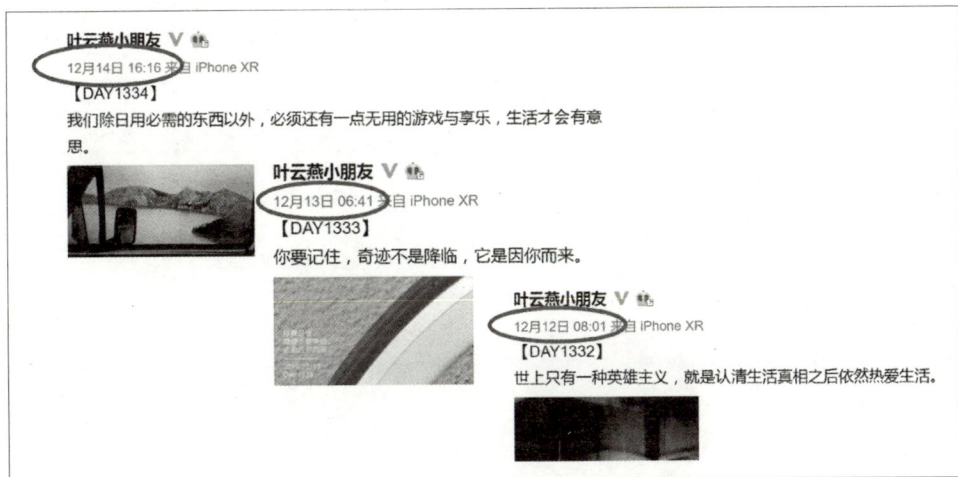

图 1-14

所以，在开启本书接下来的章节前，请你仔细想想——自己每天能空出多少时间，来做新媒体营销。

【知识卡：本章回顾导图】

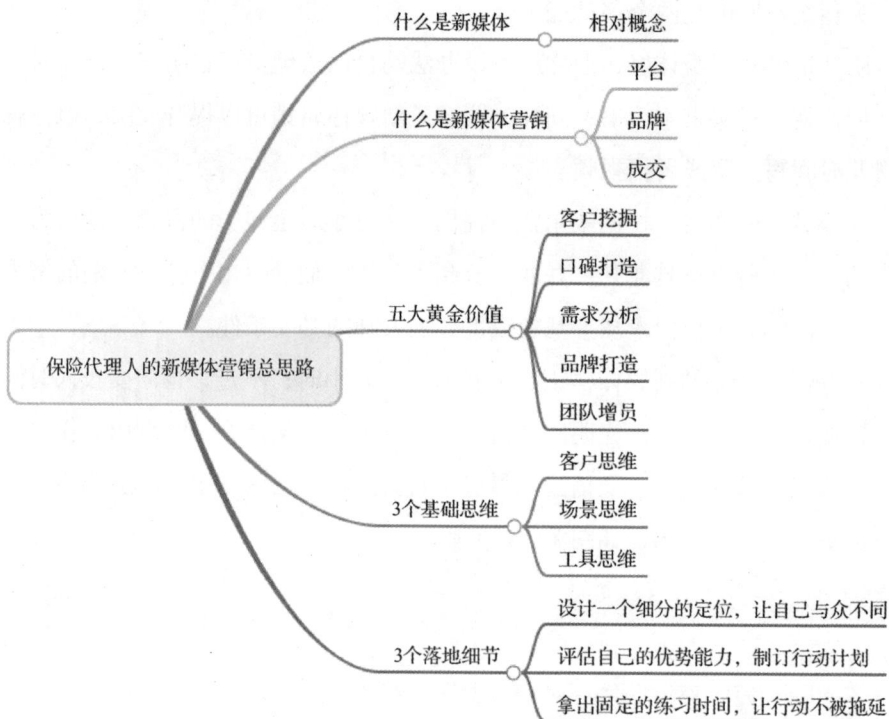

```
                                    什么是新媒体 ──── 相对概念

                                                         ┌── 平台
                                    什么是新媒体营销 ────┤── 品牌
                                                         └── 成交

                                                         ┌── 客户挖掘
                                                         ├── 口碑打造
                                    五大黄金价值 ────────┼── 需求分析
                                                         ├── 品牌打造
  保险代理人的新媒体营销总思路                           └── 团队增员

                                                         ┌── 客户思维
                                    3个基础思维 ─────────┼── 场景思维
                                                         └── 工具思维

                                                         ┌── 设计一个细分的定位，让自己与众不同
                                    3个落地细节 ─────────┼── 评估自己的优势能力，制订行动计划
                                                         └── 拿出固定的练习时间，让行动不被拖延
```

第 2 章 ————————————————————

起步：新媒体营销高手，一开始就要做对了

2.1 零基础的保险代理人，如何做好起步策划

在这一章，我们先来看个小故事。

小雪是一位宝妈，刚加入保险公司。了解了新媒体营销的价值后，她当晚就注册好了微信公众号。上周，她写了一些关于"保险与育儿"的文章；这周，她感觉育儿方向不太好，开始写"白领理财"相关文章；但她觉得方向还是不太对，准备下周转而写"创业者的家庭保障"。

小宇也是一位保险代理新人，不过她做得比较慢。策划了大半个月后，她才决定主攻"白领理财"这个细分领域。随后，她开始围绕这个领域发文章——第一周写《白领投资理财，需要什么方法和技巧吗？》，第二周写《适合白领投资的理财产品有哪些？这5种产品你要知道》，第三周写《理财清单：白领如何做好理财？》等。

猜一猜，小雪和小宇，谁会更快完成线上"圈粉"与成交？

2.1.1 快速行动? 谨慎启动

俗话说，"条条大路通罗马"，新媒体营销也是如此。不过，在实现成交目

标的路上，保险代理人有两种方式——第一种是"快速行动"，也就是故事里的小雪，做事情"小步快跑、逐步调整"；第二种是"谨慎启动"，故事里的小宇属于这种方式，信奉"仔细策划、坚定执行"，如图 2-1 所示。

图 2-1

接触过大量保险代理人后我发现，更快达成目标的人，多数更像故事里的小宇——他们往往不是那些"特别精明"的人，有的最近两年才开始接触新媒体、有的甚至只会用微信。但是，他们都是思路清晰的人，知道自己要的是什么，策划好一条路之后坚定地走下去。

换言之，保险行业新媒体营销高手，不是逐渐变得很牛，而是一开始就要做对了。

为什么一开始就要做对？因为新媒体的每个平台都有多种用法，思路不清晰的话，很容易出现"花了大量时间，但没有半点效果"的情况。

我们以微博为例——看起来微博只是一个简单的新媒体平台，但不同的思路之下，微博可以有不同的用法。

首先，你可以把它当作状态呈现平台，像发朋友圈一样发微博，如图 2-2（a）所示，并做好微博评论互动。

其次，你可以把它当作内容平台，像发博客文章一样写微博头条文章，如图 2-2（b）所示，期待通过优质文章"圈粉"。

再次，你还可以把它当作社群平台，建一个微博群，如图 2-2（c）所示，并带着团队运营社群。

只有经过缜密的起步策划，明确自己的新媒体思路之后再去坚定执行，才能达到期望的效果。

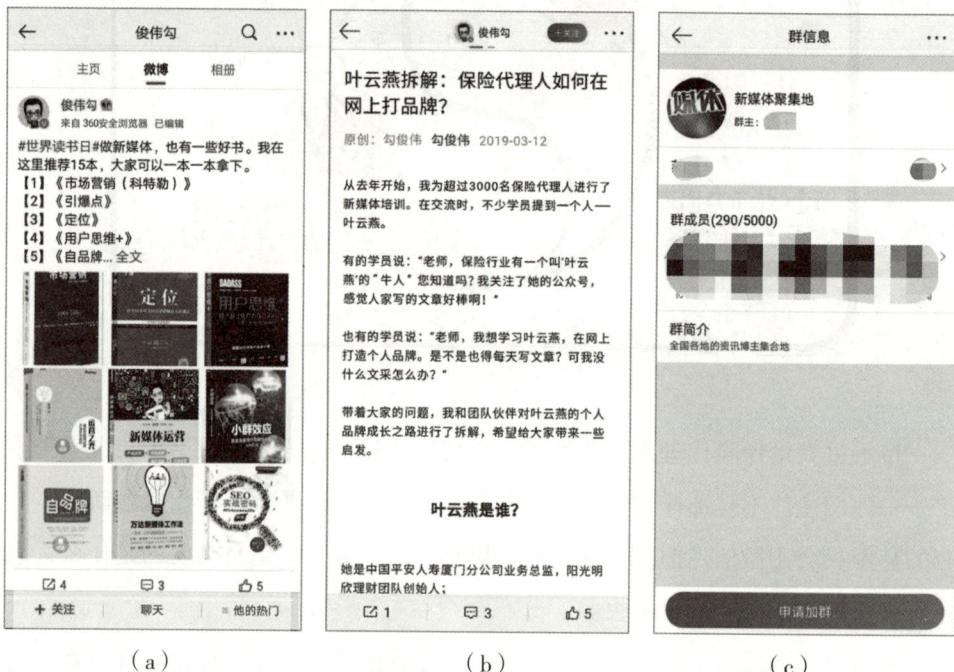

（a）　　　　　　　　　（b）　　　　　　　　　（c）

图 2-2

2.1.2 线上营销起步，必做的三件事

那么，刚起步要做好哪些策划，才能让接下来的执行思路更清晰？对零基础的保险代理人而言，以下 3 个步骤是必不可少的，如图 2-3 所示。

第一步是形象策划。在尚未开始对话之前，客户会通过你的头像、昵称等账号形象，建立对你的初步印象。如果你给客户的第一印象就是"不太专业"，你的线上成交就会遥遥无期。

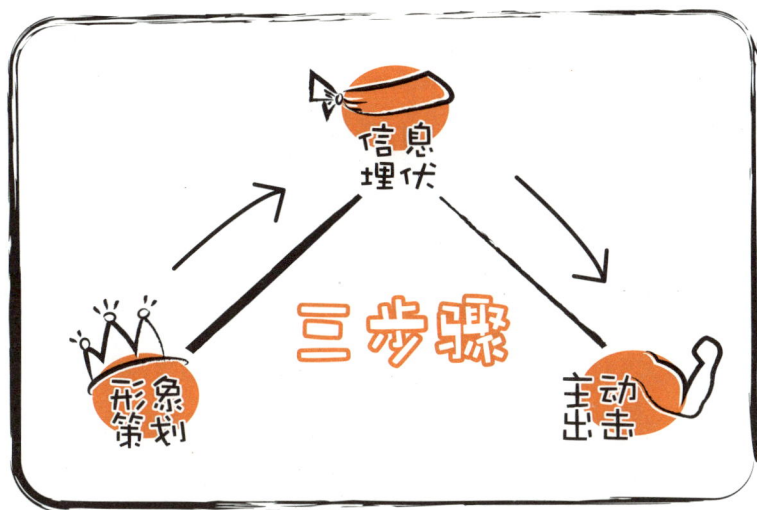

图 2-3

　　第二步是信息埋伏。你需要站在客户的角度，思考客户可能"出没"的新媒体平台，提前写好你的专业内容，并在这些平台做好埋伏，让客户能够发现你。

　　第三步是主动出击。与第二步相反，这一步要做的不是"坐等客户出现"，而是主动挖掘客户并加为好友，争取签单成交。

　　你可能会说："第三步正是我期待的啊！毕竟直接就能有业绩。我能不能直接做这一步？"

　　抱歉，不可以。

　　请回忆第 1 章的"客户思维"内容——客户看到你的头像和名字后，无法知道你是否专业；在网上搜索后，也没发现你的什么消息，接下来，即使你的话术非常精彩，客户会被你打动吗？显然，不会的。

　　本章接下来的 3 节内容，将告诉你具体如何做好新媒体营销刚起步的这 3 项策划。

2.2 如何设计头像、名字、简介，让客户第一印象充满信任

如果这是一位保险代理人，客户打开他的朋友圈后看到这样的信息（见图2-4），敢从他这里买保险吗？

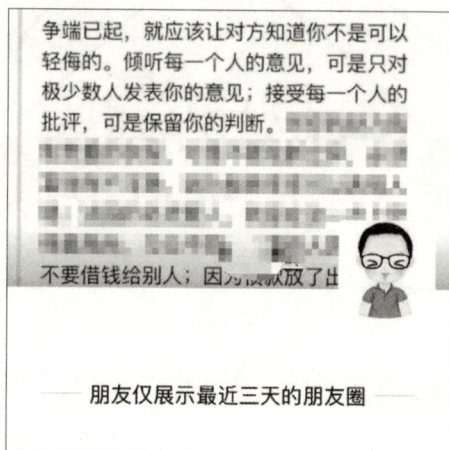

图2-4

显然，这样的账号形象有强烈的不真实感，客户不知道他到底是谁，自然不敢从他这里买保险。

在新媒体平台接触陌生客户，和相亲有点像，第一印象至关重要。

第一次见面，如果你穿得干净整洁、谈吐礼貌，会给对方留下很好的第一印象；相反，如果你打扮得很邋遢，说话语无伦次，第一次见面可能就是最后一次见面了。

同样，如果你的头像、名字等都很专业，客户会觉得你值得信任，接下来的线上沟通或线下约见会容易得多。

2.2.1 如何进行头像策划

假如这10位都是保险代理人（见图2-5），只看头像，你觉得谁更值得信任？

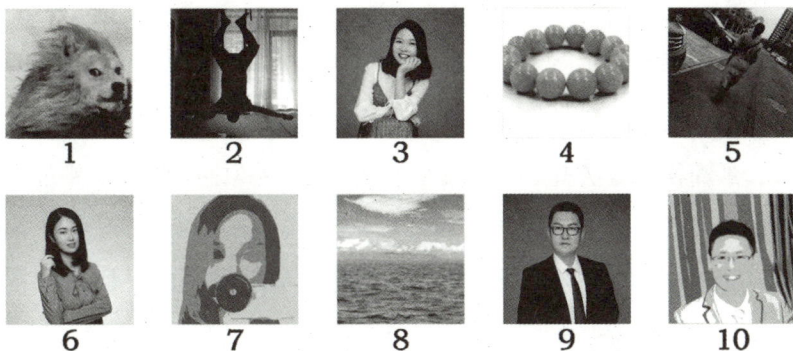

图 2-5

我在线上做了数千人参与的测试，结果多数人的选择是"3""6"和"9"。

为什么不选择其他头像？大家的反馈大都是以下 3 种。

"1""4""8"不是真人出镜，无法让人觉得有信任感。

"7"和"10"不清晰，从头像根本看不出五官特征。

"2"和"5"虽然有真人出镜，但都是背影照，大家看了头像仍然心有疑虑。

真正被客户信任的头像，必须遵循三个原则——清晰、真人、正面，如图 2-6 所示。

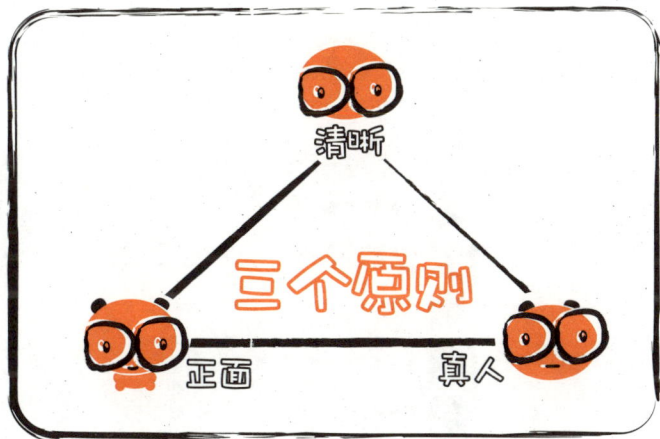

图 2-6

首先是清晰，最好不要加太多特效；其次是真人，尽量不要用动植物或风景作为头像；最后是正面，让五官清晰地出现在头像里。

不少保险代理人的头像是用手机自拍的。不过，手机自拍往往不好把握这三个原则，要么不清晰，要么背景太杂乱。

因此，最简便的方法就是——找专业摄影师拍形象照。图 2-5 中最容易获得客户信任的头像"3""6"和"9"，其实都是在专业的形象照摄影棚里拍摄的。

读到这里，你可以在微信或大众点评上搜索"职业形象照"，找到本地的形象照工作室，拍摄并替换头像。

2.2.2　怎样做好名字策划

每次为保险代理人团队讲课后，都会有学员加我好友。虽然大家的微信名字不一样，但每次都有学员的微信名是"A 某某"。问其原因，这些伙伴告诉我："听说名字最前边带'A'可以占据客户通讯录首页，增加成交的机会。"

这是真的吗？现在，你不妨打开自己的微信通讯录，数一数"A"开头的有多少好友，反正在我自己的微信里（见图 2-7），至少 200 多个带"A"的。所以，开头带"A"并不能让你有什么好的排名；相反，会让人觉得你对他有所图，甚至会产生反感！

图 2-7

　　保险代理人做好新媒体营销，需要拥有全网统一的账号名字，且这个账号名字是让人信任的。

　　那么，保险代理人的名字应该怎么策划呢？你可以拿出一张纸，分别写下"真实姓名""公司信息""创意标签"三组词语，如图 2-8 所示。

　　首先是"真实姓名"，请在后边写下你自己的姓名。行走江湖，真实的名字就是你的一张名片。

　　很多姓名容易有重名，如"张伟""李磊""刘强"等，怎么办？你可以在"公司信息"后边写上你的公司简称，如"某某人寿""某某保险"等。

　　此外，你可以继续延展，思考一个体现职业的、有趣的标签，写在"创意标签"旁边。保险代理人常用的创意标签包括：风险规避顾问、理财顾问、财富风险管理师等。

　　完成图 2-8 所示的内容后，你可以拍个照片并保存下来。接下来，不论你在哪些平台注册账号，你的名字最好围绕这三类来组合，如"张伟""张伟 – 某某人寿""张伟 – 理财顾问"等。

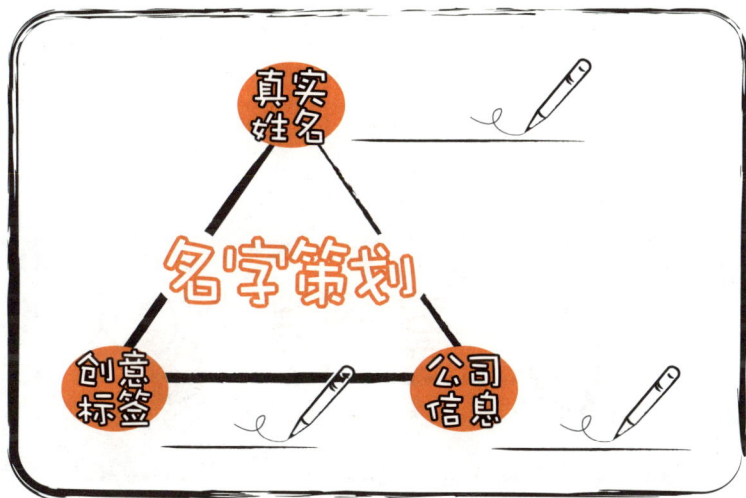

图2-8

2.2.3 如何做好简介策划

简介一般用在两类场景下：第一是刚注册微博、博客等平台时，你需要在"个人资料"处填写；第二是刚添加新好友时，你需要发一段自我介绍给对方，让对方快速了解你。

不少保险代理人在添加一个新的微信好友后，会发给对方一段自我介绍，如："您好，我是某某公司的保险代理人，希望能够帮助您。"这样的介绍虽然很友好，但是别人没什么印象，更没办法知道你对他有什么价值。

具体如何策划自己的简介？你可以尝试梳理自己的三个点，然后串联成一句话，这三个点包括：信息点、闪光点和价值点，如图 2-9 所示。

首先是信息点，也就是你的基本情况，如姓名、所在城市、职业等，例如，"刘强，某某人寿保险代理人，坐标上海。"

接下来是闪光点。闪光点要给人"他好厉害"的感觉，毕竟大家通常愿意与强者为友。所以，你可以列出自己的 3 个标签，如"MDRT 会员""××学校研究生""徒步穿越沙漠"等。

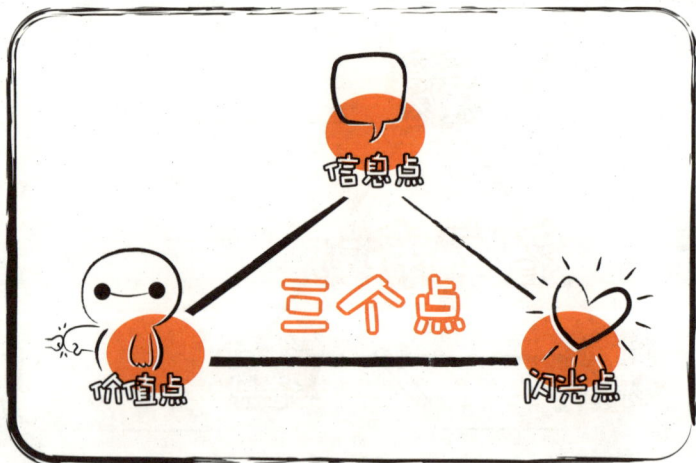

图 2-9

没有特别闪亮的标签，怎么办？你可以列出自己的生活化的标签，如"90

后辣妈""常驻'魔都'的山西人""坚持 10 年的长跑爱好者"等，这些也容易被人记住。

完成"信息点"和"闪光点"后，你的个人简介会比之前丰富不少。不过，对方会觉得"你很厉害，但与我无关"。因此你必须让别人知道你对他有什么好处，如"我能帮您做好家庭风险管理""我能提供专业的理财规划"等，这就是"价值点"。

将信息点、闪光点和价值点串联成一句或一段话，你便完成了自己的简介策划。举例如下。

信息点：刘强，某某人寿保险代理人，坐标上海；

闪光点：MDRT 会员，坚持 10 年的长跑爱好者；

价值点：帮您做好家庭风险管理。

合并后的简介如下：

我是来自上海的刘强，某某人寿保险代理人，MDRT 会员，坚持 10 年的长跑爱好者，我可以帮您做好家庭风险管理，欢迎私聊哦。

形象策划是一项"一本万利"的工作——策划好后，很长一段时间内不需要你去频繁调整。所以，请参照本节所学知识，在表 2-1 中策划你的名字和简介吧！

表 2-1 动手：保险代理人的账号起步策划

_____的账号起步策划表		
账号名字策划	真实姓名	
	公司信息	
	创意标签	
账号简介策划	信息点	
	闪光点	
	价值点	
	简介合并	

2.3 怎样做好"信息埋伏"，让客户主动咨询

完成形象策划后，接下来需要进行信息埋伏策划。所谓"信息埋伏"，指的是提前分析客户的互联网行为，在客户的行为路径提前布局自己的相关信息。

如何理解"信息埋伏"？先来看这个案例。

小丽是一个职场新人。最近，有好几个人加她好友，推销茶叶。不过她自己平时不爱喝茶，所以懒得理这些卖茶叶的微商。

中秋节前，部门主管突然在工作群里发出通知，安排小丽和另一个同事在中秋节值班。小丽原打算中秋节回家陪父母的，这下没办法回去了。

陪不了父母，可心意还是要送到啊！

小丽想起来，父母平时挺爱喝茶，于是她打算买一些茶叶寄给父母。可是自己对茶叶一窍不通，怎么办？

小丽在网上搜索"茶叶哪家好""送父母茶叶 怎么选"等，发现网上关于茶叶的知识还不少。在浏览一些网页后，她发现这样一条内容，写得挺专业，如图 2-10 所示。

图 2-10

接着，小丽在淘宝上搜索了这条"百度知道"最后一段推荐的那个茶叶品牌，并直接下单。

在这个案例中，为什么销售茶叶的微商向小丽推荐茶叶，小丽没有买；而在网上搜索出一些信息后，小丽直接下单？

因为她觉得那些主动发广告的家伙很讨厌，她更愿意相信自己搜索出的结果。当搜索到专业的内容后，她愿意相信作者的专业度，进而购买作者推荐的产品。显然，案例中的这个茶叶营销团队已经提前分析出潜在客户会去"百度知道"搜索，所以提前布局了自己的品牌信息。一旦小丽去搜，马上就看到它了。

同理，主动打电话推广或主动加微信发广告，往往会让客户反感；而客户自己搜索并看到某条消息后，会更愿意耐着性子读下去。这就是"信息埋伏"的核心价值。

当客户在网上搜索"30 岁如何挑选保险""给宝宝买保险 怎么挑"等信息后，如果刚好能出现你的专业内容，客户会毫不犹豫地主动联系你！

那么，去哪里埋伏自己的信息，才能让客户搜到或看到呢？对保险代理人而言，需要重点布局 3 类平台：写作平台、视频平台和知识平台，如图 2-11 所示。

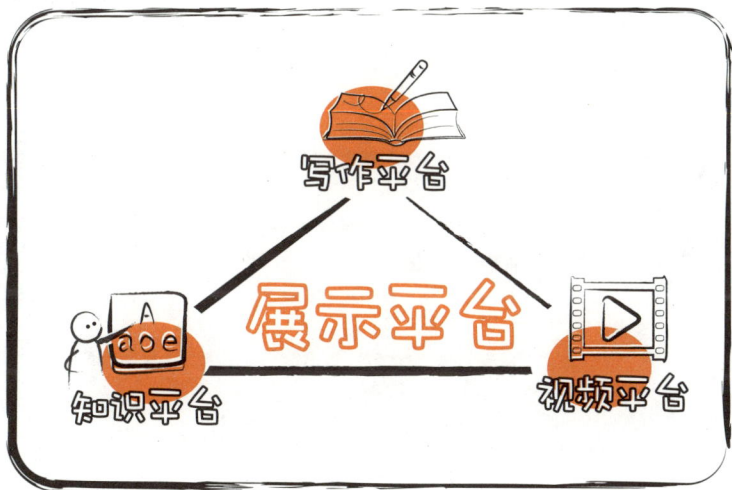

图 2-11

1. 写作平台

在电话尚未普及的年代，我们常常会给远方的好友写信；信的开头，我们总爱写上"见字如面"4个字，仿佛透过这4个字，我们的形象就会活灵活现地出现在对方面前。

新媒体时代也是如此。素未谋面的客户，会通过你的文字，来感受你的专业和温度。

因此你可以尝试撰写专业的保险类内容，并将其布局在写作平台，如博客、公众号、专栏等。当客户在网上搜到你的写作平台并一篇篇阅读你写的文章时，你的专业形象也随之一点点建立在客户心中。

那么，策划写作平台时，应该选择那些平台？答案是：选择与自己的调性相符的平台。

（1）如果你能写出大量"硬核"的专业知识，那么可以尝试在知乎申请开通专栏，如图 2-12 所示。

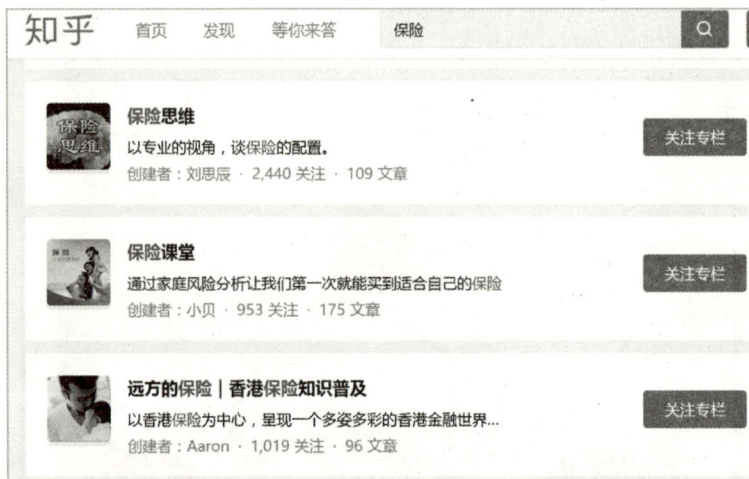

图 2-12

（2）如果你的内容比较接地气，爱讲故事、讲案例，那么可以在今日头条注册一个"头条号"，如图 2-13 所示。

图 2-13

（3）如果你酷爱读书，并且能"脑洞大开"地将书籍和保险知识结合起来，那么不妨在豆瓣网等平台注册账号，发布内容。

当然，以上平台也不是相互排斥的。策划写作平台时，你也可以多平台运营，例如，文章写好后首发在知乎专栏，此外同步更新在微信公众号、今日头条、简书、豆瓣等不同平台。

具体如何策划文章？本书第 6 章"内容营销：用文章打动潜在客户"会详细介绍。

2. 视频平台

5G 时代下，短视频平台如雨后春笋般爆发。从 2017 年到 2019 年，我国短视频 App 日均使用时长从不到 1 亿小时增长到 6 亿小时，两年的增长率高达 600%。因此，现阶段谈到视频平台，主要是短视频平台。

如果你平时爱看抖音、快手等短视频，知道这些软件的用法，你也可以尝试拍摄保险类内容短视频，如"怎样选保险""保险小剧场"等（见图 2-14），在短视频平台布局。

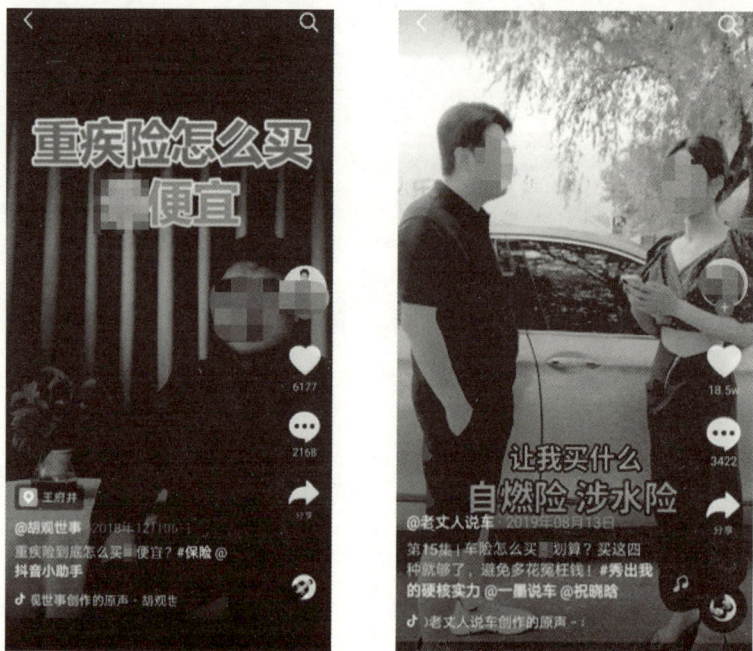

图 2-14

关于视频平台的内容策划，你可以翻阅 7.3 节 "保险代理人的五大短视频内容方向"。

3. 知识平台

知识平台其实是前两者的综合体。

如果你在写作平台发出的文章是关于保险 "干货" 的知识讲解或知识回答，那么可以把内容整理后，继续发在知识平台，如百度文库、百度知道、悟空问答、知乎问答等。例如这篇以《一定要买保险的原因是什么？》为题的百度文库文档，其作者是一位保险代理人，他的文档已经有 147 万次曝光量，如图 2-15 所示。

如果你在视频平台发出的是系列化、可提供学习价值的视频，那么也可以做整理，布局在当前很火的在线教育平台，如网易云课堂，腾讯课堂等，如图 2-16 所示。

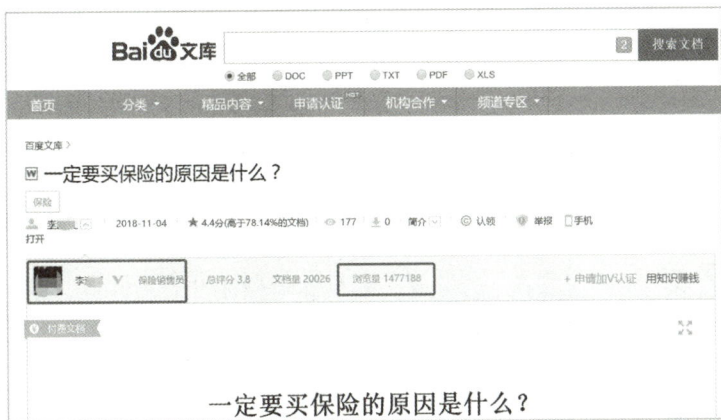

图 2-15

图 2-16

那么，如何策划出好的视频课，用知识"圈粉"？你可翻阅 7.4 节"设计优质微课，用好内容引出潜在客户"。

2.4　主动出击，在网上找到潜在客户

在微信公众号、今日头条、抖音等平台进行"信息埋伏"，可以让客户搜到你、通过内容认可你的专业度，并主动联系你。

不过，仅仅做好"信息埋伏"的工作也会遇到问题——成交时机难以掌控。

假如你发了一篇百度文库的文档，客户会在明天看到、一周后看到还是一年后看到？这个时间不由你决定，你能做的只有等待。

因此，在做好"信息埋伏"工作的同时，你要做好另一类工作，叫作"主动出击"。

主动出击，指的是在互联网上挖掘精准客户，主动联系对方并尝试成交。

在这里，"精准"二字尤为重要。如果你随便在群里加好友，刚通过验证就直接发广告，一定会让对方反感；可如果你能找到那些已经有保险意识、期待得到专业保险指导的人，你的沟通难度会大大降低。

例如，在知乎搜索"儿童 买保险"并按照时间排序，你可以找到最新的问题，如图 2-17 所示。

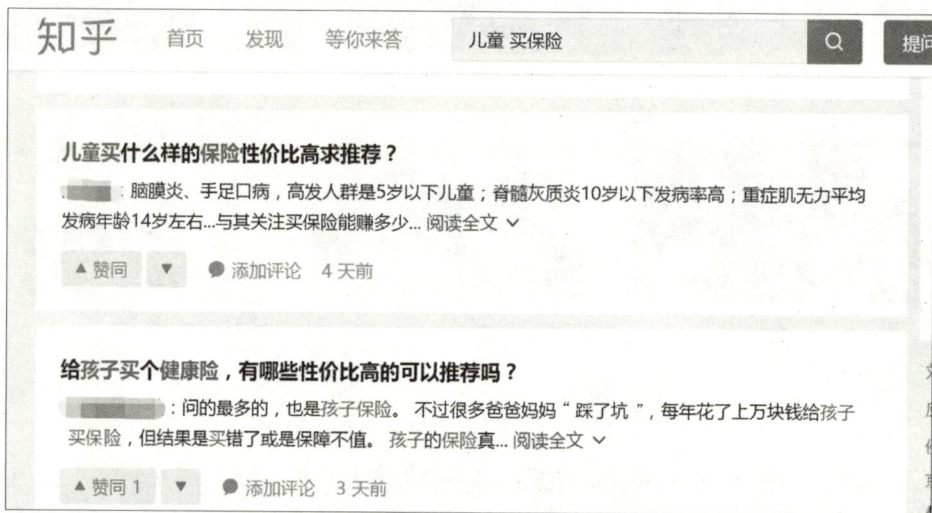

图 2-17

搜索到这些问题后，怎么办？多数人能想到的是："我要去这些问题下边回复，给出专业的建议。"这样做确实没错，不过你做的只是 2.3 节谈到的"信息埋伏"工作。

除了回复对方外，你还可以查看问题编辑日志，找到问题提出者（见图 2-18），随后直接私聊对方，如图 2-19 所示。

图 2-18

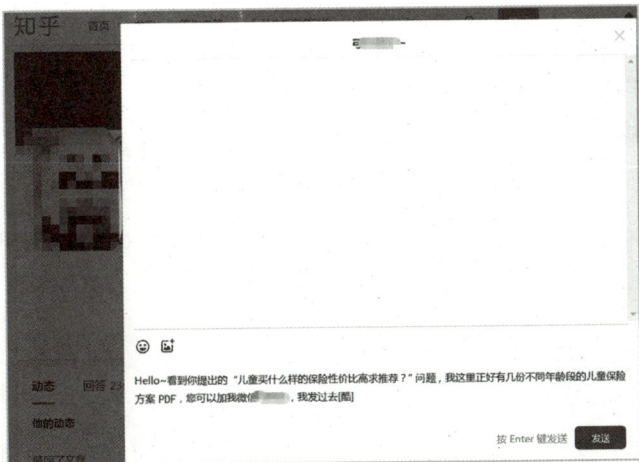

图 2-19

　　每次讲课讲到这里，都会有不少保险代理人感慨："哇，这么快就能挖掘到精准客户了！"这时候我往往会摆一摆手："先不要激动，客户挖掘还没有结束。"

　　为什么这么说？请继续回到问题界面，右侧有一个数字，显示该问题有 9 个关注者，如图 2-20 所示。

图 2-20

这9个关注者里虽然有几个同行，但也有普通网友（见图2-21），因此，你可以继续私信聊天，和这些精准客户打招呼、加好友。

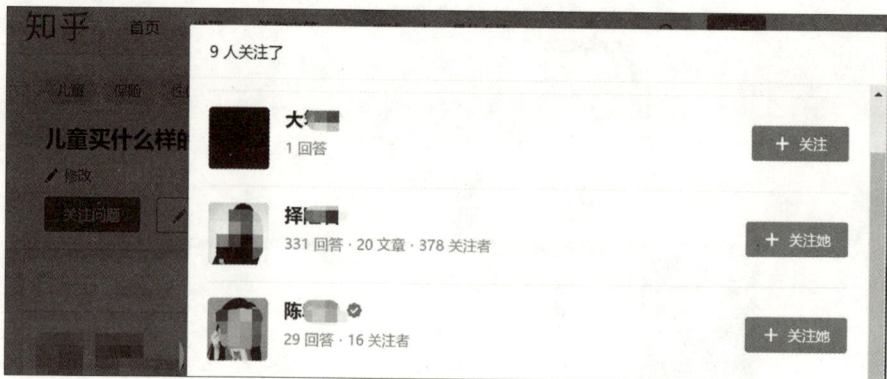

图 2-21

这还不算完，你可以继续观察每一个回答下方的评论区，你会发现，这里也"藏着"有需求的精准客户，如图2-22所示。

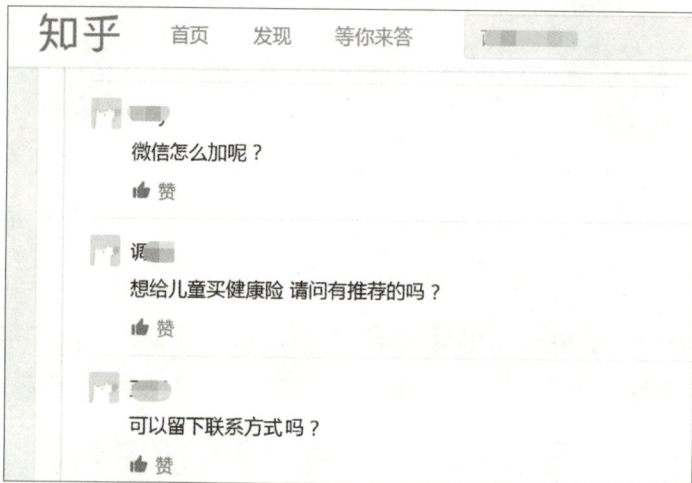

图 2-22

到这里，这一条知乎提问的"主动出击"工作才算完成。在与这条提问相关的提问者、关注者、评论者里，至少存在15个精准客户。给这些客户发私信、加好友，成交的可能性是极大的。

除了知乎，在微博、微信等平台里，你也可以挖掘到精准的客户并主动出击。

那么，具体如何做好"主动出击"工作？有四种方法，即：搜索法、追踪法、提问法和群组法。我们会在第 3 章里学习它们的细节技巧。

【知识卡：本章回顾导图】

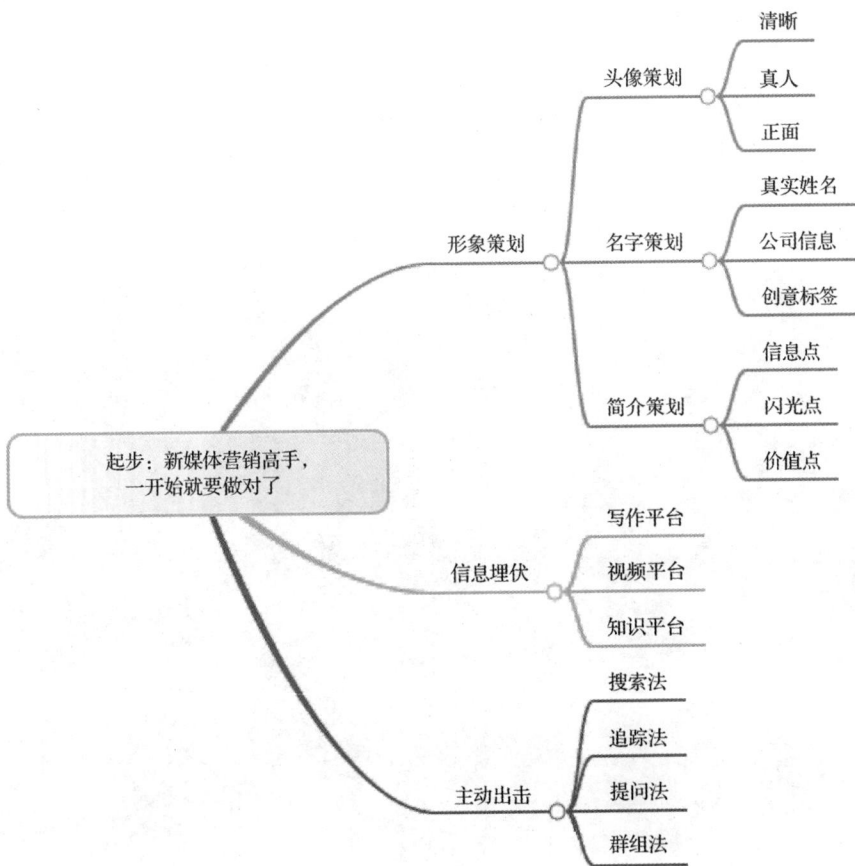

第 3 章

获客：线上客户挖掘技巧

3.1　搜索法：绘制一张独家获客地图

在本书 1.2 节"新媒体营销在保险行业的五大黄金价值"里，我们谈到过一个客户挖掘的例子——某位客户发微博说，"昨天开始关注保险""不知道哪家保险好点，得抓紧去买了"，这其实就是一个极精准的客户。

我是怎样找到的？两个字：搜索。直接在微博上搜索"保险"，在搜索结果里一点一点往下翻即可。

实际上，挖掘精准客户的渠道不止微博，在今日头条、百度贴吧、360 问答、QQ 空间甚至微信朋友圈，你都可以尝试进行搜索，把他们挖掘出来。

例如，在朋友圈搜索"保险"两个字，你可以找到近期在朋友圈发过关于保险内容的准客户，如图 3-1 所示。

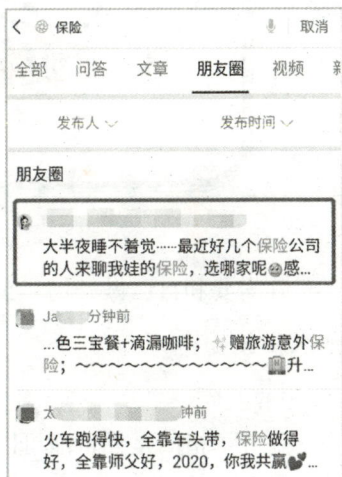

图 3-1

看起来在各个平台搜索"保险"是一种不错的获客方式。可是,问题又来了——大家可能都知道要在网上搜索"保险"来挖掘客户了。如果你只知道搜"保险",还是慢了别人一步。

怎么办?

你需要做出一份属于自己的独家搜索词库,随后定期在微博、知乎、今日头条等平台搜索,挖掘出有保险需求的精准客户。做好这份搜索词库,其实就是绘制了一张独家的获客地图!

保险代理人的搜索词库包括 4 大类:业务词、品牌词、提问词和错误词,如图 3-2 所示。

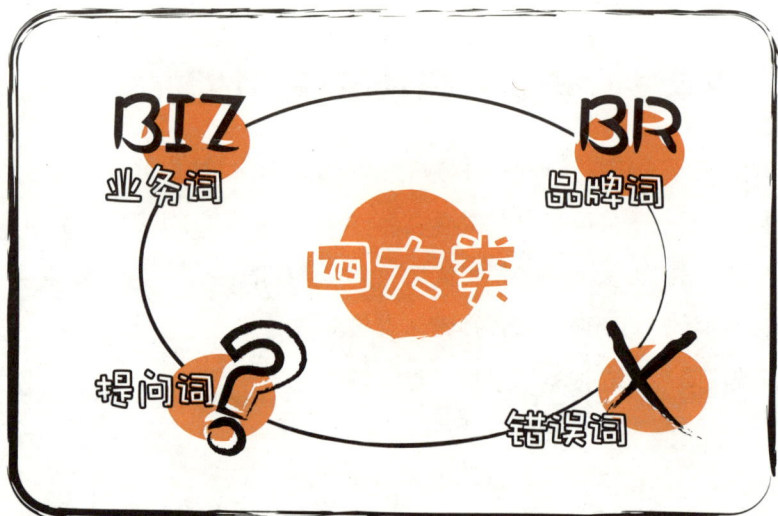

图 3-2

你需要和自己做一场"头脑风暴",把每一类搜索词进行扩充,填入自己的独家搜索词库。

1. 业务词

业务词指的是你目前可以为客户提供的所有产品或服务。任何一位保险代理人都能列出至少 10 个业务词,你可以在纸上写下"人身意外险""交通意外险""重大疾病保险""少儿健康保险""家庭财产保险"等。

2. 品牌词

客户在发朋友圈或发微博时，经常会带着公司名称，如"最近听说中国平安的产品不错""最近在给家人买保险了，貌似中国人寿和太平人寿都不错，纠结"等，所以你也要定期去搜索与公司名称相关的词组，这些词就是"品牌词"。

接下来，你可以在自己的搜索词库继续写下"中国人寿""中国平安""中国人保""太平洋保险""新华保险"等。

3. 提问词

有些网友的保险意识很好，但不知道如何购买，他们会在网上发出相关求助信息，而你可以顺势发现他们。

例如，在我写到这里时，直接在网上搜索"哪家保险公司好"，马上就能发现相关的客户，如图 3-3 所示。

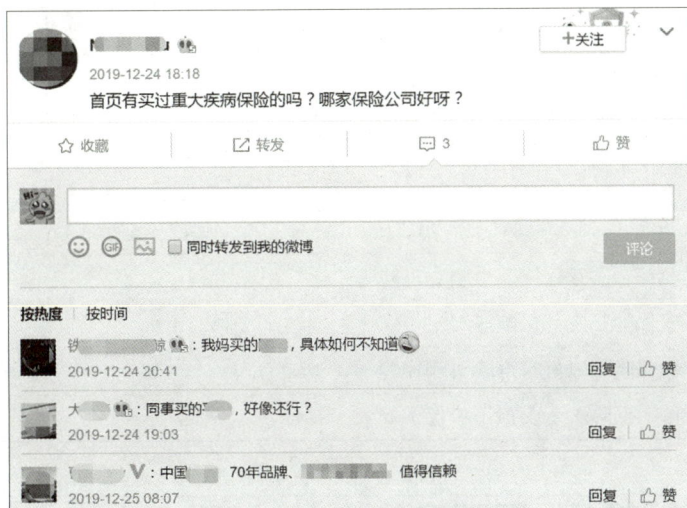

图 3-3

因此，你可以继续写出一系列提问词并定期去搜索，如"意外保险 哪家好""寿险 买哪家""医疗保险 怎么买""20 岁保险买什么""宝宝 商业险 怎么买"等。

4. 错误词

在讲课茶歇时，有一位学员曾经分享过她自己在网上不小心口误引发的趣事。

这位学员打算在网上买一件衣服，本来是她要问卖家"能不能货到付款"，结果不小心打成了"能不能活到付款"。有意思的是，对方还认真地回复了："亲，您要相信自己啊！一定能的！"

现在的输入法普遍有自动联想功能，因此我们经常会不小心输入错别字；在聊天、发朋友圈等非正式场合，大家又懒得检查，就直接发出去了。

因此你需要把错误词也列在搜索词库里，定期在微博搜一搜。潜在客户易写错的词组包括："保险"写成"保鲜"、"人寿"写成"忍受"、"寿险"写成"首先"等。

用搜索法获客，必须绘制自己的"获客地图"，持续扩充自己的搜索词库并定期（至少每隔一周）搜索一遍。请参照上述四大类搜索词，梳理出你的搜索词库并填入表3-1吧！

表3-1

_____的搜索词库		
类别	举例	词库（至少10个词）
业务词	儿童综合医疗保险、航空意外险等	
品牌词	平安保险、友邦保险等	
提问词	健康保险哪家好、寿险买哪家等	
错误词	保鲜（保险）、头孢（投保）等	

3.2 追踪法：看看客户在关注谁

请思考一个问题：你每天花在发朋友圈上的时间更多，还是花在看朋友圈上的时间更多？

调研发现，多数人花在看朋友圈上的时间更多；除了微信朋友圈外，在微博、知乎等平台，大家的浏览时间也大于发布时间。不少参与调研的伙伴表示："我不爱发朋友圈和微博，但是爱看其他人发的，感觉网友们都好有才呀！"

既然多数人都喜欢看、不喜欢发，那么只掌握上一节的"搜索法"就有问题了——对于那些不爱发内容的客户，怎么找到他们？

在这里，你需要用到"追踪法"。追踪法针对的是那些不爱发微博、不爱在知乎提问或回答的潜在客户，你可以尝试分析他们关注的账号，进而找到他们。

3.2.1　这些账号里，藏着潜在客户

如何理解"追踪法"？先来看个小故事。

小伟在一家教育培训公司做销售。有一天，小伟在逛同行的网站时，不小心加了同行的 QQ 客服为好友——当然，他是用"小号"加的。

接下来在对方的 QQ 空间闲逛时，小伟发现，QQ 空间可以看到来访记录；单击这些头像后，竟然可以看到浏览者的 QQ 号，如图 3-4 所示。

"如果某个 QQ 客户浏览我同行的空间或文章，说明他对此感兴趣呀！"小伟想。于是接下来，他分别加这些 QQ 号为好友，一个一个私聊，试着销售自己公司的培训课程。

结果一个月时间，小伟直接成交了 20 多个学员，每个人的学费是 1.5 万元；而他所在的这家小公司，销售部门其他同事加在一起也只成交了 30 个学员！

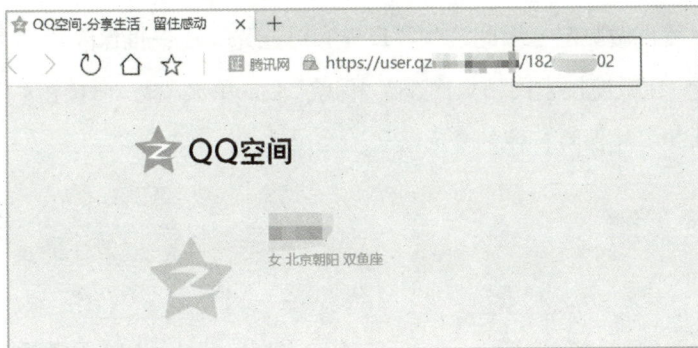

图 3-4

这不是一个虚构的故事。2014 年，我的这位来自天津的学员帮助公司顺利实现了从 0 到 200 万的线上销售突破。

不过，"追踪法"在不同的行业有所不同。小伟之前做的是大学生职业技能培训，这个行业可以在 QQ 空间追踪潜在学员；而保险代理人在使用追踪法时，需要全网追踪。

用"追踪法"挖掘客户，需要先有针对性地关注一批账号，接下来逐个浏览并筛选出潜在客户。你需要重点关注的账号包括：行业个人号、企业品牌号和行业媒体号，如图 3-5 所示。

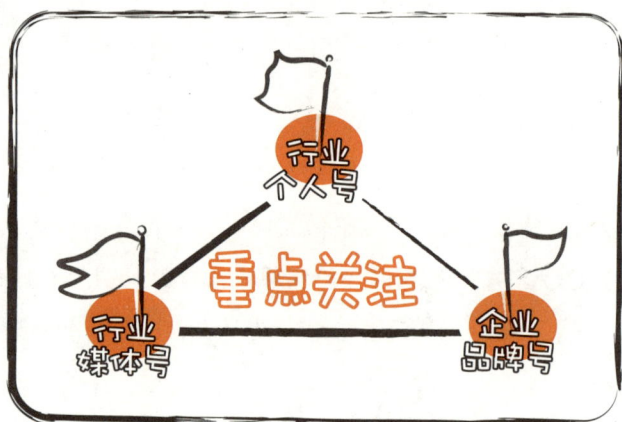

图 3-5

首先是行业个人号。潜在客户购买保险往往不是马上做决策，而是在网上了解相关知识后再做决定，因此这些客户极有可能先关注一批保险代理人——也就是你的同行。在微博搜索网站页面，搜"保险"后，单击"找人"按钮（见图 3-6），你可以找到并关注保险行业的个人账号。

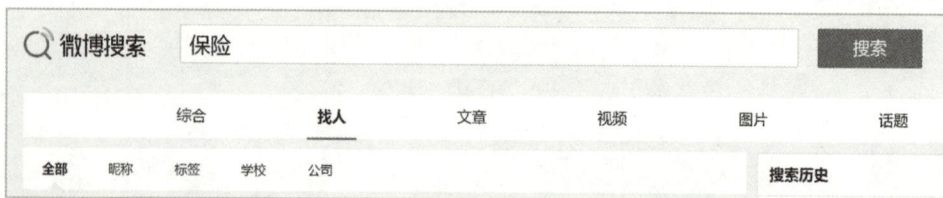

图 3-6

接下来是企业品牌号。你可以在社交媒体平台，关注行业内几家大公司的官方账号，如图 3-7 所示。

图 3-7

最后是行业媒体号。一些潜在客户会觉得保险公司的内容难免"王婆卖瓜自卖自夸"，因此愿意关注第三方的媒体账号，如"某某理财周刊""某某保险资讯""某某保险网"等。因此这类账号，你也需要关注起来。

现在，你可以试着在网上搜一搜这 3 类需要重点关注的账号，把搜索结果填入表 3-2。

表 3-2

的账号追踪表	
类别	账号名称
行业个人号	
企业品牌号	
行业媒体号	

3.2.2　用好三个步骤，从评论找客户

本节开头小伟的故事里，小伟是一个一个私聊对方并最终成交的。可是上述谈到的 3 类账号，多数的粉丝都是上万甚至上百万，显然私聊的方法需要花费大量时间，效率太低。

比私聊更直接的方法，就是看评论。很多潜在客户会在保险类大号的评论区提问，例如，在某保险类账号的评论区，有一位网友说自己"正打算买保险，可是完全没有这方面的知识""有什么合适的重疾险推荐一下"，显然，这是一位极有意向的客户，如图 3-8 所示。

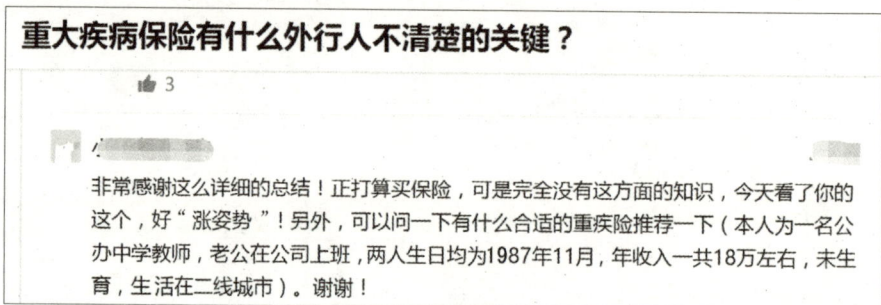

重大疾病保险有什么外行人不清楚的关键？

👍 3

非常感谢这么详细的总结！正打算买保险，可是完全没有这方面的知识，今天看了你的这个，好"涨姿势"！另外，可以问一下有什么合适的重疾险推荐一下（本人为一名公办中学教师，老公在公司上班，两人生日均为1987年11月，年收入一共18万左右，未生育，生活在二线城市）。谢谢！

图 3-8

面对客户的提问，不少百万级大号没时间去一一回答。这时候，你可以给出专业的回复，甚至可以加好友私聊。

不过需要特别注意的是：千万不要以为挖掘到潜在客户后，点击头像马上就可以开始发广告，这样你留给客户的第一印象会极差！你可以一步一步获得好感，如图 3-9 所示。

先说缘由，也就是你私聊对方的原因，如"我看到你在 ×× 网提出关于 ××× 的问题，我正好从事这个领域，给你一些建议"。

接着做回复，即给出你的专业建议。

最后加好友，如"我这里还有一些更具体的资料，方便的话可以加我微信，我把资料发过去"。

只有站在客户的角度，一步一步友好地私信沟通，"追踪法"获客才会更有效。

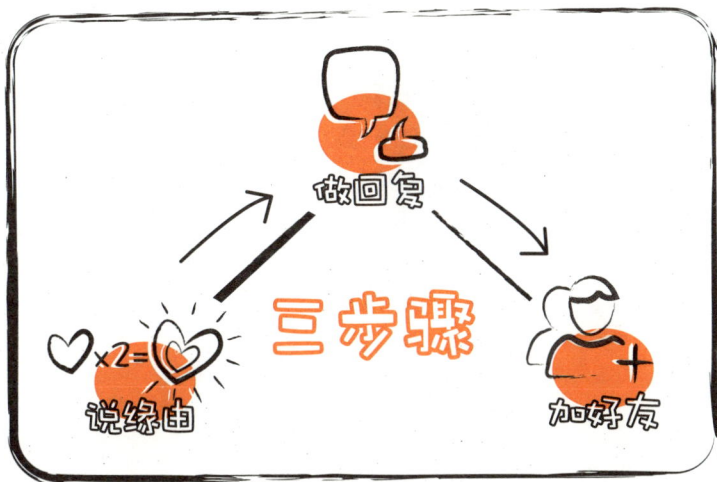

图3-9

3.3 提问法：让客户出现在回复区

新媒体营销没有固定的方法，面对不同的客户，你需要采用不同的挖掘技巧和跟进策略。

本书3.1节的"搜索法"和3.2节的"追踪法"对应的都是有保险需求的客户，二者的区别在于：用"搜索法"找到的是爱发微博、爱发朋友圈的客户，而用"追踪法"找到的是不太发自己的状态、但喜欢关注大号并研究保险的潜在客户。

那么，对于暂时没有保险需求的客户，如何找到他们呢？你可以尝试"提问法"。

所谓提问法，指的是分析客户可能会关注的话题，巧妙地通过一个问题引出客户评论，随后精准跟进的获客方法。

2019年我在上海为保险代理人培训后，一位学员就在自己的朋友圈试了试"提问法"，如图3-10所示。

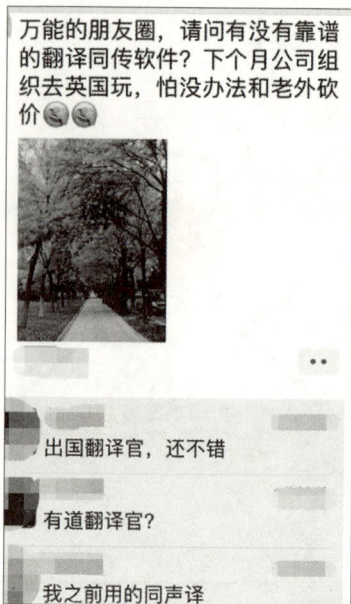

图 3-10

　　她在朋友圈请教大家关于出国旅行的问题，结果当天就收获了 30 多条留言，其中十多个都是爱旅游的好友；后续再跟进，她直接成交了 7 笔意外险！

　　之所以客户会在你的问题下方评论，是因为一个常见的心理——好为人师。

　　每个人都会有自己擅长的领域，如果他们看到有人在网上提问且刚好是他擅长的领域，通常他们会很乐意去给对方作答。

　　例如，潜在客户是一个影迷，虽然平时不太喜欢在别人的朋友圈留言，但如果恰好看到朋友圈里有人在问"有没有经典的爱情电影推荐""请问万能的朋友圈，有没有哪位伙伴给我推荐一部科幻电影？超硬核的那种"等，那他恐怕会顺手帮助一下，在评论区回复一下。

　　用提问法"引"出客户并成交，你需要做好六个步骤（见图 3-11）。为了便于理解，此处以车险为例。

　　第一步是思考目的，也就是你这次打算销售的产品是什么？

　　本次打算销售的是车险。

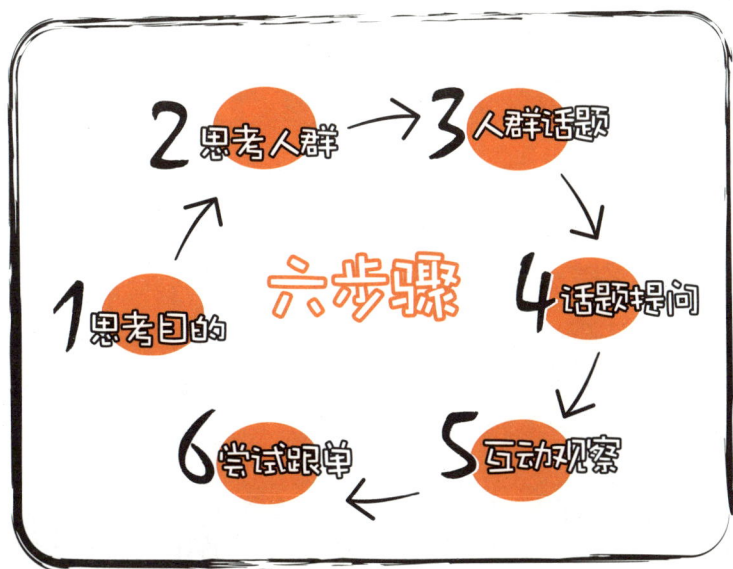

图 3-11

第二步是思考人群，你需要想一想，你所销售的产品对应的客户有什么特征。

车险客户的特征是——关注汽车，要么自己有车，要么打算买车。

第三步，你要思考这类人喜欢聊的话题。

自己有车或者打算买车的人，通常爱聊 4 类话题——买车、用车、养车、卖车。

第四步是话题提问，你需要针对第三步思考出的话题进行具体策划，设计出问题，并发在朋友圈、微博、微头条和知乎等平台。

围绕"买车、用车、保养车、卖车"，你可以设计出以下问题：

- 我想买一辆20万左右的车，接送孩子上下学，哪位伙伴能推荐一款车？
- 有对电动汽车了解的伙伴吗？价格在20万元左右的，哪一款性价比高？
- 很久没关注车市了，上海的车牌需要摇号吗？
- 给女朋友买车，上下班用，朋友圈的朋友们可以推荐一款车吗？
- 开车出差去北京，哪位伙伴知道外地车辆限行时间是几点到几点呢？
- 求教：汽车一般行驶多少千米需要保养一次呢？
- 我发现很多人车后面都会贴一个壁虎，是什么意思啊？

- 求助：汽车千斤顶怎么使用？顶在汽车什么位置上？
- 哪位伙伴给汽车座椅买过坐垫？有没有推荐的？
- 朋友圈里的哪位朋友在网上卖过车？哪个二手车平台更靠谱呢？

设计这些问题时，你不能让问题的难度太大，最好是有车一族看到后，马上能给你建议。

第五步是互动观察，也就是在评论区回复大家的留言，然后观察谁是潜在客户。这一点很容易被忽略，毕竟在评论区留言的，不一定是精准的客户。你需要友好地和对方互动，并大致了解对方的情况。例如，"谢谢你的建议！你现在也在开这款车吗？" "您买过这款车吗？是不是在本地就能买到呢？" 等，进一步确认对方的车辆情况。

第六步是尝试跟单——这一步要用到的不是什么新媒体技巧，而是你目前常用的聊天话术和跟单技巧等。一些重要客户，甚至要线下约见。

读到这里，你不妨换个产品，做个练习：

如果你打算成交儿童健康险，试试用"提问法"的六个步骤找到客户吧！

3.4 群组法：不懂建群，如何获客

随着 QQ、微信等即时聊天工具的发展，几乎每个人都会加入不同的群组，如"屋檐下的邻居们（业主群）""相亲相爱一家人（家庭群）""永远的 202（宿舍群）"等。

有人的地方就有营销。与各种群组相伴而来的就是一个新的营销概念——社群营销，你可以在社群里尝试获客并签单。

3.4.1 社群获客的两种方式

在与学员的沟通中，我发现不少保险代理人对社群营销的理解是：建一个群，平时在群里聊聊天或发发"干货"，最后有群友找自己买保险。

乍一看好像没什么问题，不过你要知道的是，在没有任何运营经验时建一个

群，你的群很容易沉寂——有人抢红包，没有人说话。

社群营销，未必建群。

对保险代理人而言，社群营销有两种方式，第一种是自己建群，第二种是加入他群。

"自己建群"是多数保险代理人理解中的社群营销方式，自己就是群主；而第二种方式"加入他群"指的是加入已经运营得比较成熟的社群，直接在这个群里挖掘潜在客户。

用"自己建群"的方式做营销难度偏大，毕竟持续保持活跃度的自建群少之又少。因此，零基础的保险代理人做社群时，可以先尝试"加入他群"——一方面，你不需要花时间去运营群，把精力放在"找客户""挖需求"等的聊天本身就好；另一方面，你可以在群里学习别人的运营方法，以后建群时取长补短；此外，你还可以顺便观察观察群里是否有"靠谱"的伙伴，以后邀请对方和你一起运营自己建的社群。

3.4.2 怎样找到有潜在客户的群

那么，如何加入他群，并挖掘潜在客户呢？你需要根据潜在客户的特征来找。为了便于讲解，我们以"宝妈"为例。

1. 线上

例如，这是一张关于育儿的微课海报（见图 3-12），客户扫码就能入群学习。这类课程的学员里，90% 以上都是"宝妈"。所以你可以挖掘这类学习群，找到潜在客户。

如何找到这类课程？

你可以从"千聊""荔枝微课"这类教育平台搜索，也可以定期搜索朋友圈——毕竟，这类育儿课程，通常都会鼓励学习者转发朋友圈的。

育儿类课程的朋友圈搜索词包括：宝妈、妈妈群、宝妈微课、妈妈训练营、儿童时间管理、儿童学习力等。例如，当我在朋友圈里搜索"妈妈群"三个字后，马上就可以找到相关群，如图 3-13 所示。

图 3-12

图 3-13

2. 线下

虽然新媒体营销的大部分动作需要在线上完成，但是线下的流量资源也不容小觑。

我们还用"宝妈"这个客户群体为例，你可以在活动类平台搜索潜在客户可能会参加的活动，如育儿书籍签售会、户外亲子活动、室内亲子沙龙等。这类活动往往都会建一个群（通常提前一天建好，群主在群里通知大家活动时间、停车位置、午饭位置等，有时候吃饭后在群里收钱），这个群也是你要挖掘的、潜在客户出没的微信群。

目前比较好的活动类平台有 3 个：豆瓣同城、互动吧、活动行。在平台上找到亲子类栏目，即可找到最新的亲子活动，如图 3-14 所示。

图 3-14

3.4.3　如何在别人的群里做营销

　　需要特别注意的是，"加入他群"做营销，不要直接发广告。毕竟这是别人的群，一旦你发广告，很容易被移出群聊。因此，找到潜在客户"出没"的群并加入后，你可以按照以下三个步骤，完成获客，如图 3-15 所示。

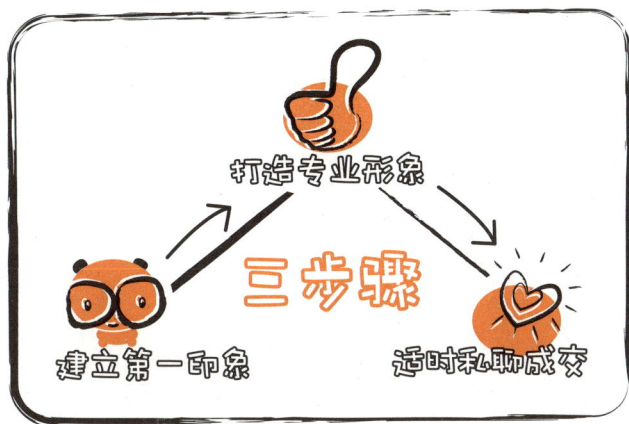

图 3-15

　　第一步是建立第一印象，把你的个人简介友好地发在群里。如果你还没有写好自己的简介，请翻开本书"2.2.3 如何做好简介策划"，为自己做策划。

　　第二步是打造专业形象，你在群里的发言不能太随意，需要随时展示你的专业度。例如，当群里聊到"煮着粥出门回家，发现粥都熬干了，还好发现及时，险些失火"时，你可以给出房屋损失保障和室内财产保障的建议；再如群里的"宝妈"抱怨"赚钱不易，存不住钱"时，你可以给出理财建议等。

　　第三步是适时私聊成交。虽然可以在群里给出专业的建议，但是千万不要直接在群里发保险广告，这样很容易被群主移出群聊。因此，在群聊时遇到对保险或理财感兴趣的群友，你可以加对方为好友，私聊时再找机会发广告。

　　每个客户的保险意识不同，因此你没办法保证每次私聊都能马上成交。对于对保险略感兴趣的新好友，你最好不要死缠烂打，而是通过友好聊天，后续再通过朋友圈逐渐转化。毕竟，社群营销和朋友圈营销不是独立的，两大类营销方式结合在一起才是王道。

那么如何做好朋友圈营销呢？我们将在第 4 章具体回答。

【知识卡：本章回顾导图】

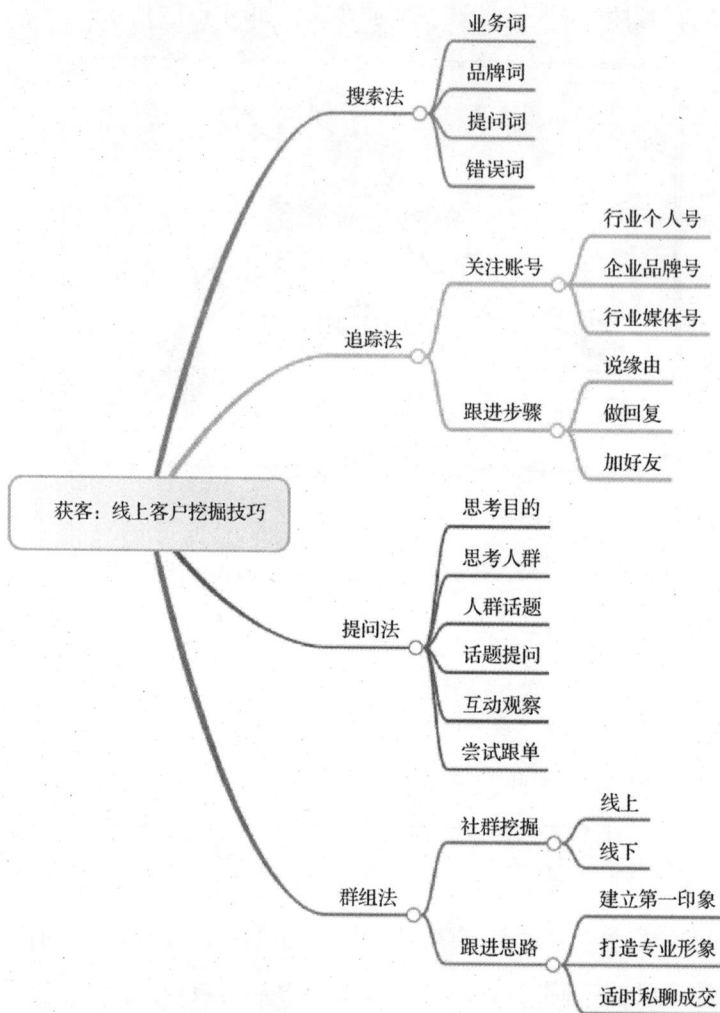

获客：线上客户挖掘技巧

- 搜索法
  - 业务词
  - 品牌词
  - 提问词
  - 错误词
- 追踪法
  - 关注账号
    - 行业个人号
    - 企业品牌号
    - 行业媒体号
  - 跟进步骤
    - 说缘由
    - 做回复
    - 加好友
- 提问法
  - 思考目的
  - 思考人群
  - 人群话题
  - 话题提问
  - 互动观察
  - 尝试跟单
- 群组法
  - 社群挖掘
    - 线上
    - 线下
  - 跟进思路
    - 建立第一印象
    - 打造专业形象
    - 适时私聊成交

第 4 章

朋友圈营销：打造成交型朋友圈

4.1　保险代理人的朋友圈成交公式

朋友圈是微信的一个基础社交功能，每天有数以亿计的客户在朋友圈发图片、转文章、点赞与评论。

看起来朋友圈只是一个生活状态的展示平台；但其实，朋友圈也是一个绝佳的营销平台。朋友圈经营得好，不但能帮你"圈粉"，而且可以让你直接签单、"增员"！

来看一个真实的案例。

肖霞是一位保险代理人，老家在山西，2017 年大学毕业后直接去上海并进入保险行业。

刚做保险工作时，肖霞非常焦虑——团队伙伴不少都是上海本地人，可以约同学、朋友或前同事线下聊天；而她在上海几乎没什么人脉。

肖霞知道，焦虑不是解决问题的方法，自己必须先把眼下的事情做好。于是她很认真地参加公司每一次业务培训，同时按照前辈们的方法，尝试电话营销。可是，给电话本上的陌生人打电话效果微乎其微，甚至经常会挨骂。

虽然压力很大，但是肖霞不想让远方的亲人和朋友感受到自己的压力。所以，肖霞刻意在朋友圈显得很轻松——公司每个月发福利，她第一时间发朋友圈；团队伙伴生日聚会，她会记录欢乐的场面并在朋友圈发九宫格图；上下班遇到有趣的事情，她会配一段有意思的文字，发在朋友圈；有时候她还会把当天学到的保险知识做成思维导图，分享在朋友圈……

逐渐地，朋友圈里开始有人向她请教如何挑选保险，有人和她私聊后希望直接在她这里买保险，甚至有人被她的朋友圈"圈粉"，希望加入她的团队！

现在，肖霞不再因为没有本地人脉而焦虑——因为她每周都能通过朋友圈签单。

她告诉我，很多客户之所以相信她，就是因为觉得她"看起来真实、可信、有温度"。

在讲课时，经常有学员打开自己的朋友圈问我："勾老师，您看看我的朋友圈怎么样？能签单吗？"

我无法通过看朋友圈直接判断学员是否能签单。不过，我在浏览大家的朋友圈时，可以"猜"出谁更容易签单——站在客户的角度，谁的朋友圈能带给我 3 种感觉，谁就有可能签单。这 3 种感觉是：信任感、温度感和专业感。

首先是信任感，客户会通过头像、名字、简介等产生对你的第一印象，这会决定他是否相信你接下来说的话。

其次是温度感，你需要让客户在朋友圈感受到你是一个活生生的人，而不是一个广告机器人。

最后是专业感，客户能够从字里行间看出你在保险方面的经验，判断你是否真的"在行"。

"信任感、温度感、专业感"是朋友圈营销的评估标准；落实到具体工作，你需要做好五件事情，如图 4-1 所示。

这五件事中，关于"好头像""好名字""好简介"的设计，我们在 2.2 节"如何设计头像、名字、简介，让客户第一印象充满信任"已经介绍过，此处略作复习。

图 4-1

头像设计三原则：清晰、真人、正面。

名字设计三要素：真实姓名、公司信息、创意标签。

简介设计三要素：信息点、闪光点和价值点。

影响朋友圈营销效果的第 4 件事是要有"好封面"。

封面必须精心设计——因为凡是能看到封面的，都是对你感兴趣的客户！假如客户对你没有任何兴趣，会直接划过你的朋友圈，看下一条；相反，如果人家对你产生了兴趣，才有可能点进你的朋友圈——而这时候，最先出现的就是你的封面图，如图 4-2 所示。

看到这里，恐怕又会有保险代理人担心："我对图片设计一点都不懂，怎么做朋友圈封面图？"

不用担心，新媒体营销不是让你样样都懂，有大量工具可以辅助你的工作。制作封面图时，你可以借助"创客贴"这个平台。

首先，你需要在计算机端浏览器上搜索"创客贴"3 个字，找到官方平台，如图 4-3 所示。

随后，你需要在"模板中心"栏目下单击"微信朋友圈"按钮，并选择一张你喜欢的封面图，如图 4-4 所示。

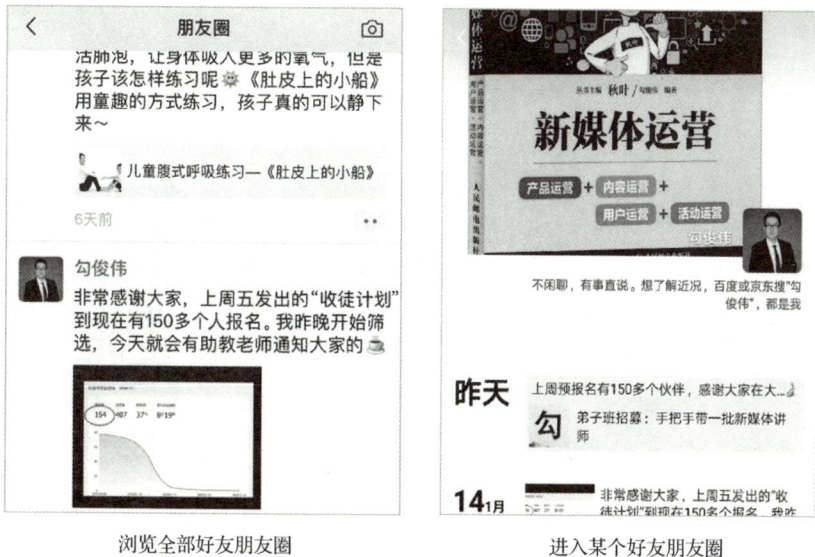

| 浏览全部好友朋友圈 | 进入某个好友朋友圈 |

图 4-2

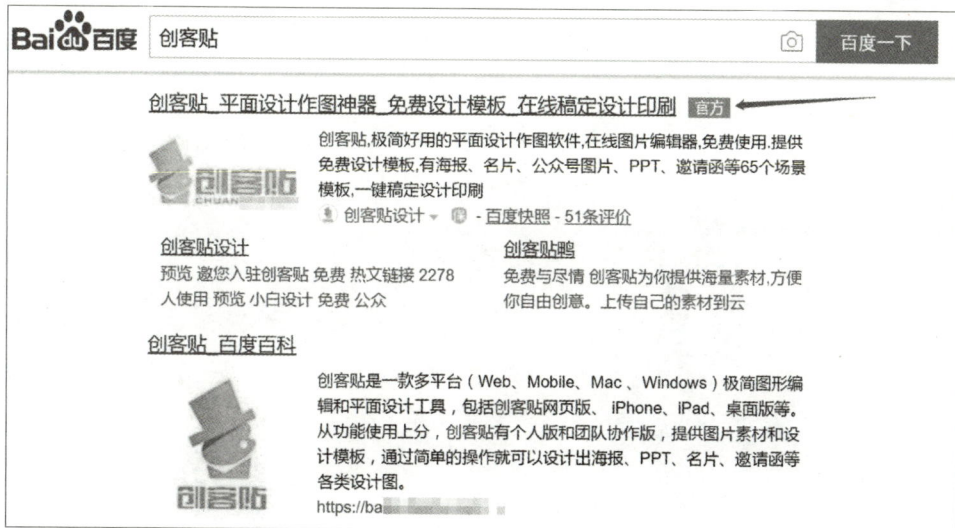

图 4-3

图 4-4

接下来，你可以直接单击对应的位置，更换头像、修改名字和自己的简介（见图 4-5），快速生成一张专属的封面图。

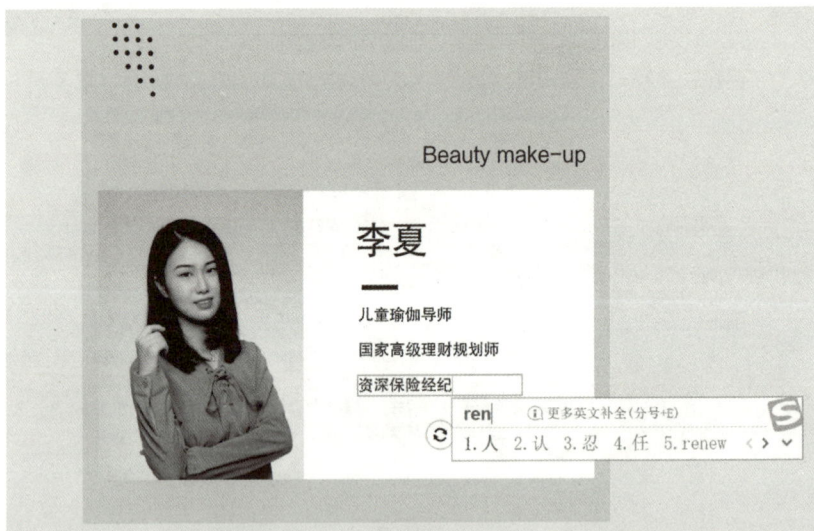

图 4-5

在朋友圈营销公式里，前 4 个是好头像、好名字、好简介和好封面，它们都是关于朋友圈形象设计的。

建议你不要拖延，最好一周内把这 4 项工作快速完成，接下来很长一段时间内，你不需要再去更新它了，因为你有更重要的工作——持续有技巧地发布朋友圈内容，让你的温度感和专业感不断提升。

4.2　发朋友圈，别忽略这4个"黄金时段"

我们先跳出保险，看另一个话题。

假如你是一家公司的老板，打算在央视春节联欢晚会投放广告。现在有两个广告时间可以投放，预算充足的情况下，你会选择哪一种？

（1）抢占春晚前 10 分钟投放广告。

（2）和大家错开，在春晚结束后，凌晨一点投放广告。

多数人选择春晚前——毕竟这段时间属于"黄金时段"，所有人都围坐在电视机前，等着春晚开幕。

客户的注意力在哪里，营销工作就必须在哪里。朋友圈营销也需要挖掘"黄金时段"，你发出的朋友圈要正好让大家在"刷朋友圈"时看到，否则这条朋友圈只是感动了你自己，毫无营销意义。

那么，应该在几点发朋友圈呢？这里你需要再切换到客户思维，看看你的潜在客户会在什么时候看朋友圈。

在大数据调查中我们发现，多数客户浏览朋友圈主要集中在 3 个场景：吃饭时、上下班途中和睡觉前。

第一，吃饭时。有的人喜欢给美食拍照并发朋友圈，美其名曰"在朋友圈消消毒"；也有的人在聚餐时不知道该聊点什么，只好拿起手机看看朋友圈，避免太尴尬。

第二，上下班途中。不少上班族每天会坐公交或地铁去公司，在路上的时间都属于碎片化时间，而利用碎片化时间只能看看朋友圈、"刷刷抖音"等，因此上下班时间是潜在客户的又一个浏览朋友圈的高峰期。

第三，睡觉前。多数人在午睡前和晚上睡觉前，都会放松下来，翻翻朋友圈或看看微博热搜，有的人甚至会举着手机睡着，直到手机砸在脸上。

上述三个朋友圈高峰场景"吃饭时、上下班途中和睡觉前"可以继续拆分，细化出 7 个场景——吃早饭、上班、吃午饭、午休、下班、吃晚饭和睡觉前。

把这 7 个场景按照时间合并，你就可以得到 4 个适合发朋友圈的时间段，这也被称为"朋友圈的黄金时段"，如图 4-6 所示。

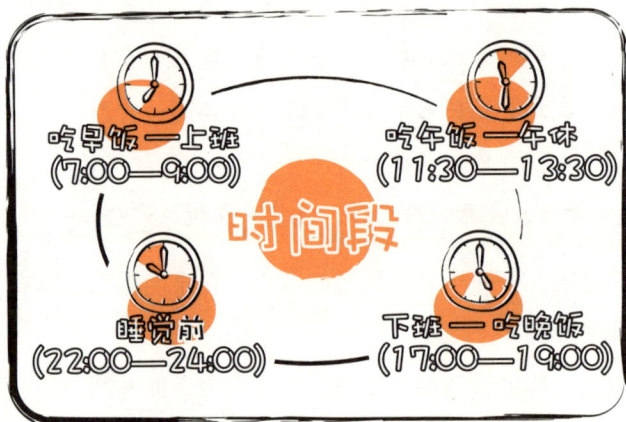

图 4-6

找到了最佳发朋友圈的时间，接下来直接发内容吗？错！你需要在正确的时间做正确的事情。

朋友圈应该发什么呢？我们将在 4.3 节继续学习。

4.3 怎样规划朋友圈选题，吸引客户主动关注

现在，请打开你的微信朋友圈，数一数最近的 10 条内容里有几条是广告。

在跟进保险代理人的新媒体营销过程中，我发现不少人有超过 5 条是广告，有的甚至 10 条都是广告！

可是站在微信好友的角度想一想，他们并不喜欢在朋友圈看到你发的广告啊！所以，就算你知道了"朋友圈的黄金时段"，也不能随便发，否则没什么效果，甚至会被人拉黑。

在发朋友圈之前，你需要先做一份《朋友圈内容规划》，把自己每天的朋友圈内容发布时间和内容选题进行清晰化的设计。

例如，图 4-7 所示为深圳某位保险代理人的朋友圈内容规划。这份规划做好后，她一直将其贴在桌角，并按规划时间发布内容，让客户每天都能准时看到有料、有趣的朋友圈内容。

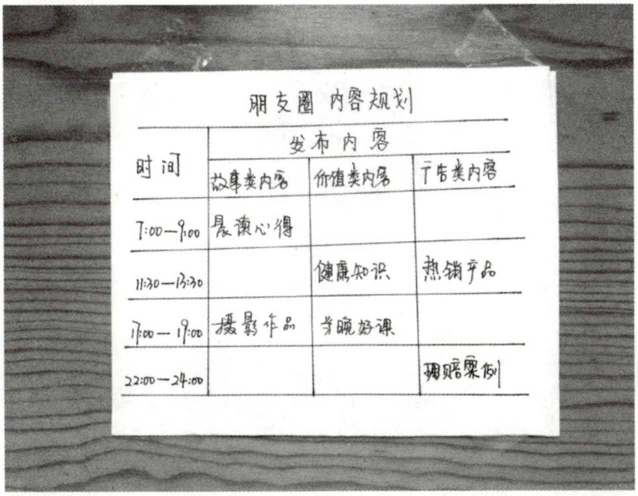

图 4-7

制作这张朋友圈内容规划表时，你可以按照"1：1：1 原则"。这里的"1：1：1 原则"指的不是某食用油的广告，而是发朋友圈时的内容比例——故事类内容、价值类内容、广告类内容的比例是 1：1：1。

图 4-7 所示的内容其实就是按照"1：1：1 原则"进行规划的。

首先，她每天有 2 条是故事类内容，展示自己的生活状态，即图中的"晨读心得""摄影作品"；其次，她每天还有 2 条是价值类内容，让别人觉得有用，即图中的"健康知识""当晚好课"；最后，她还会发 2 条广告类内容，即与公司产品相关的信息，即图中的"热销产品"和"理赔案例"。

营销学告诉我们，客户习惯是需要培养的，而培养客户习惯的方式之一就是"呈现规律化的价值内容"。这位保险代理人喜欢研究手机摄影，所以她每天17：00—19：00会在朋友圈发一条摄影作品，如图4-8所示。

图 4-8

刚开始大家没有注意到她，但久而久之，越来越多的人知道朋友圈有一位擅长摄影的保险代理人，每天傍晚发出一张好图。偶尔她忘记发，甚至会有人来提醒。

好，现在请参考上述案例，在表4-1里完成你的朋友圈内容规划吧！

表4-1

_____的朋友圈内容规划表			
时间	故事类内容	价值类内容	广告类内容
7：00—9：00			
11：30—13：30			
17：00—19：00			
22：00—24：00			

4.4 怎样提炼"人设"，在朋友圈讲故事

朋友圈内容规划的"1∶1∶1原则"里，第一个"1"指的是故事类内容。这里的"故事"不是传说故事、寓言故事，而是要在朋友圈展示出你的日常，让好友能感受到一个活生生的、有特色的人。

例如，这位瑜伽老师的好友经常在她的朋友圈（见图4-9）下方留言，并表示非常喜欢她的生活状态。

图 4-9

她的朋友圈里，主要有3项故事类内容：自拍内容（展示身材和皮肤）、亲子内容（展示陪娃时光）和社交内容（晒出参加的社会活动）。把这3项故事类内容放在朋友圈，就算你没见过她，也能感受到一个很立体的人物形象。

现在，互联网有一个很火的词叫"人设"，也就是人物设定。"人设"越清晰，越容易被人记住。例如，某些明星的"人设"是"好爸爸"，你总能看到他陪娃的新闻和照片，久而久之，当大家谈起"明星中的好爸爸"时，马上会想起他。

那么，如何提炼自己的"人设"？你可以用以下三个步骤。

第一步，你可以把自己拥有的标签都列出来。

第二步，围绕"保险"梳理成一个短句，如"爱旅行的保险代理人""懂保险的钓鱼达人"等，这就是你的"人设"。

第三步，围绕你的"人设"，思考你要发的故事类内容。

例如，这位保险代理人的"人设"定位是"懂女性客户的保险代理人"，接着围绕"人设"讲故事，在朋友圈发女性成长、优雅穿搭、闺蜜小聚等内容（见图4-10），不少客户看过之后反馈："你的朋友圈内容很有意思，我都想跟你做保险了！"

图 4-10

以下是课堂上我的学员给自己设计的"人设"及故事类内容，你不妨做参考，随后写下你自己的"人设"及故事类内容。

- 我的"人设"是爱美食的保险代理人，我可以发的故事类内容有：美食探店、美食DIY、旅行与美食等。
- 我的"人设"是懂保险的健身达人，我可以发的故事类内容有：晨跑打卡、器械推荐、跑团聚会等。
- 我的"人设"是爱读书的保险代理人，我可以发的故事类内容有：好书推荐、读书心得、读书会活动、新书榜单等。

接下来，请写下你自己的策划：

我的"人设"是：＿＿＿＿＿＿＿＿＿＿＿＿＿＿＿＿＿

我可以发的故事类内容有：＿＿＿＿＿＿＿＿＿＿＿＿＿＿

4.5　如何发朋友圈，让人觉得有价值

朋友圈营销的"1∶1∶1原则"里的第二类内容是价值类内容。

保险代理人虽然需要讲故事，但朋友圈不能全是你自己的故事，否则会让人觉得有距离——你过得好，但是与我何干？因此，你需要在每天的朋友圈内容里加入价值类内容。价值类内容通常是对别人有用的内容，它会带来好感，拉近微信好友与你之间的距离。

价值类内容有5种，你可以对照自己的资源，看看哪些可以发在朋友圈，如图 4-11 所示。

图 4-11

1. 优质福利

保险公司经常会发福利，如月饼、粽子、台历、电影票、演唱会票等。你可以在朋友圈发起抽奖，把福利送给中奖的好友。如果中奖者是同城的好友，你甚至可以在送礼物的时候顺便见面聊聊。

例如，这位保险代理人，把带有公司标识的儿童指甲剪作为福利，在朋友圈吸引好友参与，如图4-12所示。

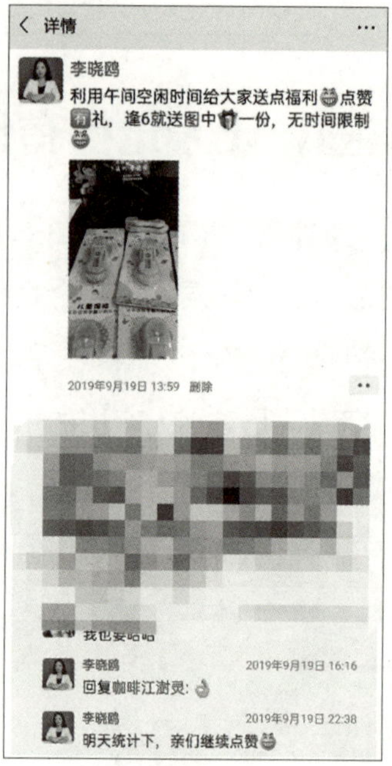

图4-12

一方面，这次小活动的参与方式和获奖规则相对简单，点赞逢 6 即可中奖；另一方面，福利选择比较精准，希望获得儿童指甲剪的客户普遍家里有宝宝，因此这条朋友圈发出后，激活了不少朋友圈里的"宝妈"客户。

2. 健康知识

现在很多人都在关注健康，因此你可以关注一些优质的健康类公众号、网站等，在朋友圈分享健康食物、健身技巧、保养窍门等。

不过，千万不要发未经证实的健康知识，如"喝凉水可以祛痘"等，不少微信好友看到这些会直接把你拉黑。

3. 成长课程

目前在线教育行业已经发展得很成熟，每天晚上几乎不同的平台都会有直播、微课等。因此，你可以选择优质的线上课在朋友圈分享，如图4-13所示。

图 4-13

当然，如果你自己亲自上阵并分享"如何理财""如何做好家庭资产配置"等，效果会更好。

4. 工作机会

如果你的潜在客户以职场白领为主，那么你可以关注招聘平台，分享优质的工作机会。此外，如果你看到朋友圈某个好友发他们公司的招聘启事，也可以友好地帮转。

5. 专业解读

最新保险要闻、养老政策、税务政策等出台后，大家往往比较关注。如果你足够专业，那么可以直接在朋友圈进行相关的政策解读，如图 4-14 所示。

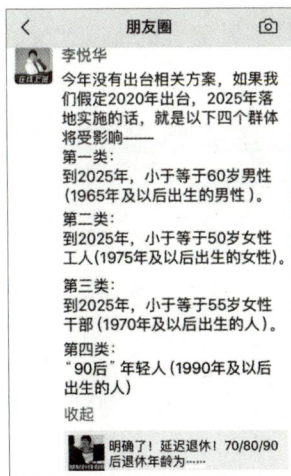

图 4-14

不过，如果你还只是保险新人，对自己的专业度没有那么大的把握，那么可以转发相关文章，在朋友圈评论区做出你的总结。

接下来请认真梳理，看看自己有哪些价值类内容，可以发在朋友圈。

4.6 怎样在朋友圈发广告？5个模板告诉你

朋友圈营销不能全是广告，但也不能完全没有广告——在朋友圈营销的"1∶1∶1原则"里，除了故事类内容和价值类内容外，还有广告类内容，否则只是展示自己并让别人对你有好感，不会有任何来自朋友圈的成交。

那么，如何在朋友圈发广告呢？当我在课程中提出这个问题时，发现超过一半的保险代理人学员是按照以下步骤进行操作的。

第一步：把公司的产品图片下载到手机。

第二步：复制公司或团队伙伴编辑好的文字。

第三步：进入朋友圈，把刚才的图片和文字粘贴进去。

第四步：发布朋友圈。

这样在朋友圈发广告，会出现两个问题。

第一，公司的海报与文字只是官方的广告语，直接发在朋友圈会与你的人设发生冲突——毕竟你的人设是"爱美食的保险代理人"或"懂保险的健身达人"等，而不是"只爱广告的保险代理人"。

第二，公司的产品文字已经有不少同事复制粘贴到朋友圈了，这个时候微信系统会判定你的内容不是原创，随后把你的文字折叠起来（见图4-15），你的朋友圈好友点击文字才能看到更多内容。

因此，在朋友圈发广告，必须杜绝复制粘贴，撰写原创内容。

图4-15

常用的朋友圈广告模板有 5 个，包括产品广告、活动广告、热点广告、人群广告和口碑广告，你可以参考并练习。

1. 产品广告 = 提炼产品价值 + 阐述客户价值

当公司发布某款产品的统一文字介绍后，你要做的第一步是把这些文字进行压缩，提炼出最能体现产品价值的内容，毕竟大家没时间看上百字的朋友圈。

产品价值只是公司产品的相关信息，但这些信息和客户有什么关系呢？第二步你需要阐述客户价值，站在客户的角度，思考这款产品带给客户的好处。

例如，这是某保险代理人发的一条产品广告，如图 4-16 所示。

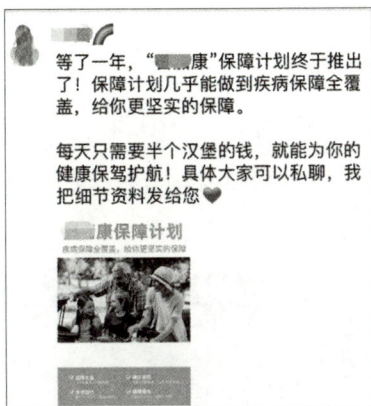

图 4-16

上半部分是提炼产品价值，把这款保险产品几百字的介绍浓缩到"几乎能做到疾病保障全覆盖，给你更坚实的保障"；下半部分是阐述客户价值，通过"每天只需要半个汉堡的钱，就能为你的健康保驾护航"来告诉大家这款产品对他有什么好处。

这位保险代理人发出这条朋友圈后，其朋友圈留言区直接收到了潜在客户的咨询。

2. 活动广告 = 方法 + 规则 + 奖品

保险公司会定期举办活动，有的保险代理人自己也会举办客户答谢活动，这时候怎么发朋友圈呢？记住以下 3 个要素就好——这 3 个要素可以调整顺序，但是必须完整，缺一不可。

第一个要素"方法"指的是参与方法，如朋友圈的好友看到活动后留言报名参与，还是需要完成转发才能参与？

第二个要素"规则"指的是获奖规则，如留言最快的可以获奖、最终随机抽奖或者人人都可以获奖。

第三个要素是"奖品"，如免费参加一次酒会、免费获得两张电影票等。为了提升活动效果，你可以把奖品图片一起放在朋友圈——实物奖品（保温杯、靠背垫等）可以直接拍照，虚拟奖品（电影票、演出票等）可以在网上找素材，将电影海报、电影评分等截图并发朋友圈。

例如，这位保险代理人，借公司成立90周年的契机发起朋友圈活动，"点赞"即为参与方法，"逢9"即为获奖规则，"惊喜礼物"即为活动奖品。活动发出后，12小时内获得了224个点赞（见图4-17），甚至平时联系很少的好友都在这条朋友圈被激活，参与到活动中。

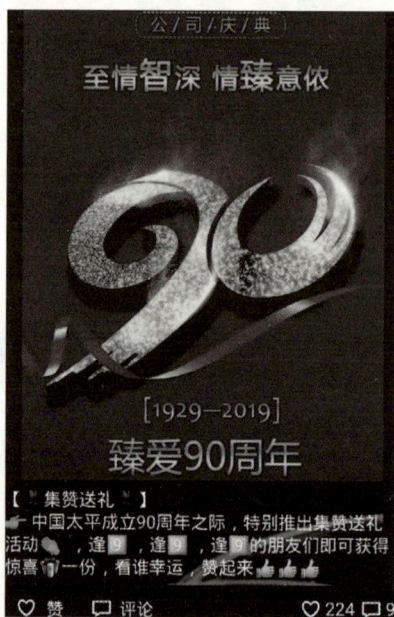

图 4-17

　　此外，这位保险代理人在活动结束后，及时发出了第二条朋友圈——一方面，在发布时提到获奖者，通知中奖信息；另一方面，借助活动热度，进行二次传播，如图 4-18 所示。

图 4-18

3. 热点广告 = 热点概述 + 切入观点 + 产品关联

　　互联网上每天都会有热点，如热门新闻、热门电影、热门段子等，这些热点可以用热点广告公式，巧妙地与保险结合，提升朋友圈的趣味性。

　　首先是热点概述，不是所有人都知道某个热点，所以你需要用一两句话对这个热点进行描述；接下来是切入观点，你需要从这个热点里找到一个角度，说出你的观点；最后是产品关联，在观点里引出保险。

　　例如，这条朋友圈是某个保险代理人在《还珠格格》这部电视剧重播期间发出的，如图 4-19 所示。

　　其实这条朋友圈就是按照刚才的模板发出来的——首先是"热点概述"，一句话描述这部经典电视剧；其次是"切入观点"，用紫薇和尔康的经典台词进行切入，表明自己觉得很矫情的观点；最后是"产品关联"，和心痛相关的自然是重疾险。

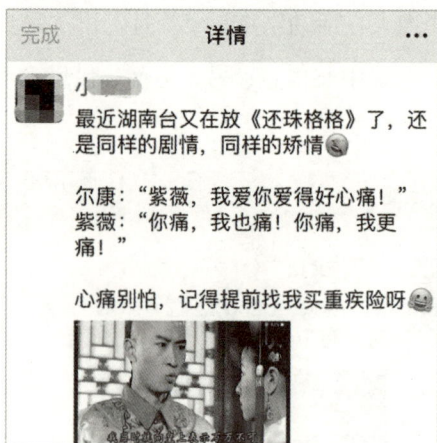

图 4-19

这条朋友圈发出后收获了大量的评论，不少好友表示"被逗乐了"——所以，发好一条热点广告，好友明知道你在做保险，依然会喜欢你的朋友圈。

4. 人群广告 = 痛点话题 + 解决方法 + 联想场景

你的微信好友有没有分组呢？发朋友圈的时候有没有按照分组来发呢？

不同人群的需求不一样，所对应的痛点也不一样——职场白领关注压力下的健康问题，宝爸宝妈关注孩子的保障，企业家关注资产传承等。所以你在发朋友圈时，可以按照"痛点话题 + 解决方法 + 联想场景"的方式，发出针对特定人群的广告，这样才能直击人心。

例如，这条获赞极多的、针对朋友圈里的宝妈发的朋友圈（见图 4-20），其实就是根据人群广告模板策划的——首先是痛点问题，一般孩子磕碰后家长会心疼很久；接着是解决方法，"还好，给孩子买了保险，毕竟世事无常，需要给孩子足够的保障"；最后是联想场景，"我能想到最浪漫的事，就是陪孩子平安、慢慢长大"。

为了让人群广告发起来更快、更容易查找，建议你为潜在客户设计一个分组标签，如图 4-21（a）所示；当你发朋友圈的时候，就可以直接选择某个标签的人，如图 4-21（b）所示。

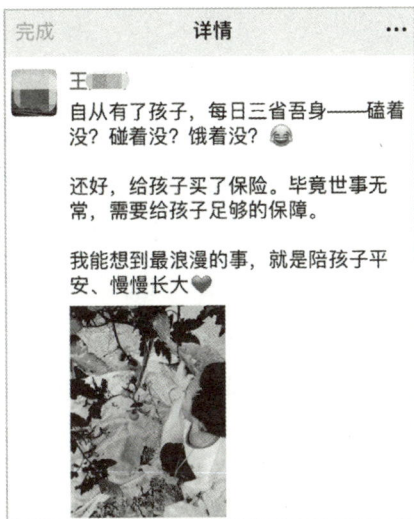

图 4-20

（a）

（b）

图 4-21

5. 口碑广告 = 赞美 / 感谢 + 优势强化

一句好的客户证言，胜过一万句销售话术。当客户通过朋友圈或者私聊的方式表示对你的认可时，你可以用口碑广告模板，第一时间在朋友圈晒出来。

　　首先是表示感谢，如"谢谢客户对我的夸奖，提供专业的服务本来就是我应该做的"。

　　其次是优势强化——假如客户认可的是你的服务效率，你可以说"我们××人寿的出险速度是出了名的快，我的服务当然也要快上加快"；假如客户夸你态度好，你可以说"每一位客户我都要温暖对待，毕竟大家都是好朋友"。

　　在发口碑广告时，还有以下三个小细节你需要特别注意。

　　第一，晒朋友圈之前一定要征求对方的意见，毕竟有的好友是很低调的。

　　第二，注意给对方的头像和名字加马赛克，其实也是在保护个人隐私。

　　第三，你需要把重点标注出来（见图4-22），毕竟大家关注点不同，千万不要理所应当地觉得大家都能看懂你的图片。

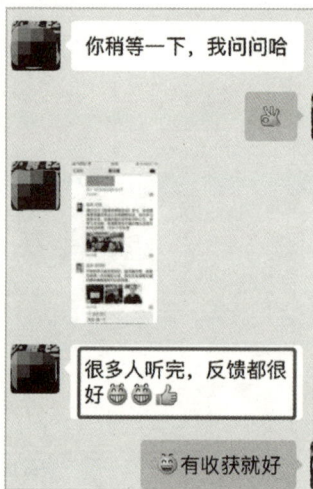

图4-22

　　总结一下本章的朋友圈营销知识。

　　如果你想通过朋友圈获得客户的好感并签单，首先要做好朋友圈形象策划，最好用最短的时间完成好头像、好名字、好简介和好封面的设计；接着要做的是内容规划，按照"朋友圈的1∶1∶1原则"策划出黄金时间段内要发的内容；最后，按照策划好的内容，认真执行。

【知识卡：本章回顾导图】

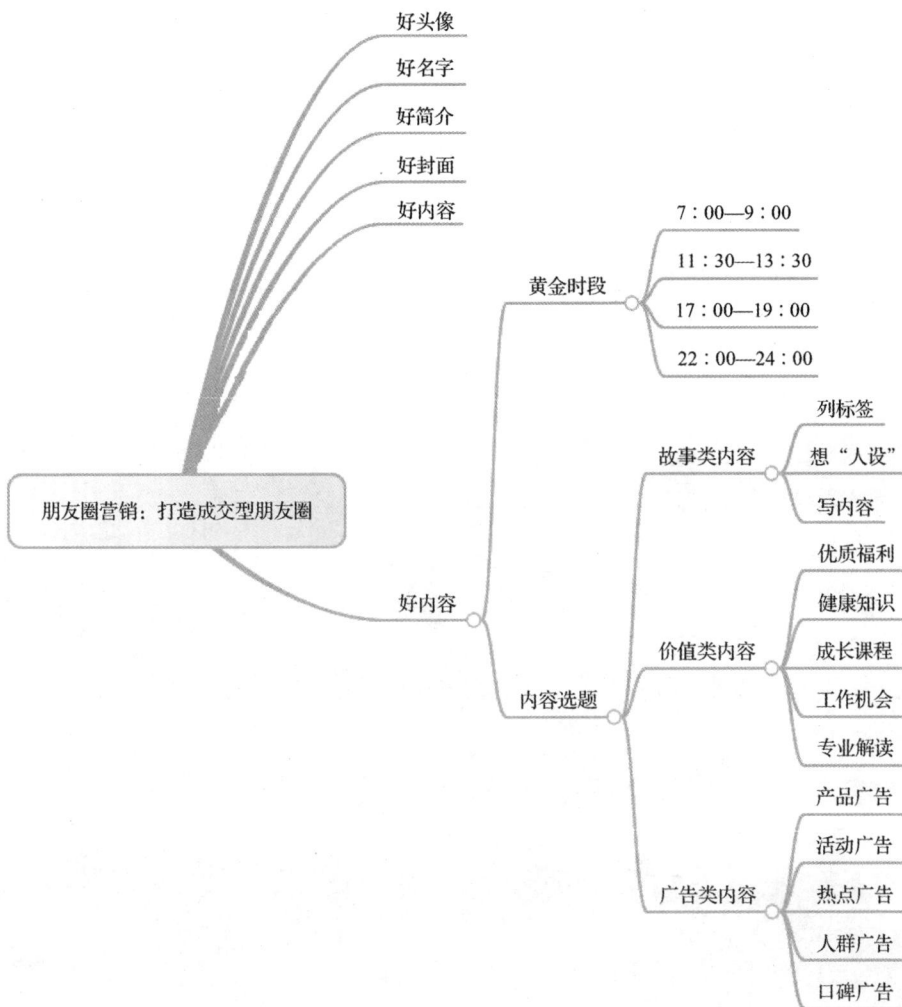

```
                                        好头像
                                        好名字
                                        好简介
                                        好封面
                                        好内容
                                                                    7：00—9：00
                                                                    11：30—13：30
                                                黄金时段             17：00—19：00
                                                                    22：00—24：00

                                                                         列标签
                                                        故事类内容        想"人设"
朋友圈营销：打造成交型朋友圈                                                 写内容

                                                                         优质福利
                                                                         健康知识
                                                        价值类内容         成长课程
                                         好内容                           工作机会
                                                内容选题                   专业解读

                                                                         产品广告
                                                                         活动广告
                                                        广告类内容         热点广告
                                                                         人群广告
                                                                         口碑广告
```

第 5 章

社群营销：保险代理人的社群成交技巧

5.1　保险代理人的社群营销思路

保险代理人通过社群获客并签单有两种方式，第一种是自己建群，第二种是加入他群。

本书 3.4 节"群组法：不懂建群，如何获客"谈到的就是加入他群。这种方式难度较小，只需要挖掘相关微信群或 QQ 群并在群里展示自己的专业度即可，因此建议零基础的保险代理人先从"加入他群"做起。

不过，"加入他群"的方式也有其弊端，毕竟在别人的群里你没有主导权，只能按照群主的规则发内容。因此，在加入他群并学习一些运营经验后，你需要尝试自己建群。

保险代理人自己建群有两个方向：保险方向与非保险方向。

1. 保险方向

你可以组建与保险相关的社群，如"家庭保障分享群""白领理财训练营"等。这类群的好处是直截了当，所有加群的人都知道你是保险代理人，因此你不需要绕弯子，直接在群里分享与保险相关的知识、定期推荐优质保险产品。

例如，这位保险代理人，建立了客户和潜在客户的交流群，不但定期分享理财与保险知识，如图 5-1（a）所示，还会引导大家相互链接，如图 5-1（b）所示，得到了群友的认可与感谢。

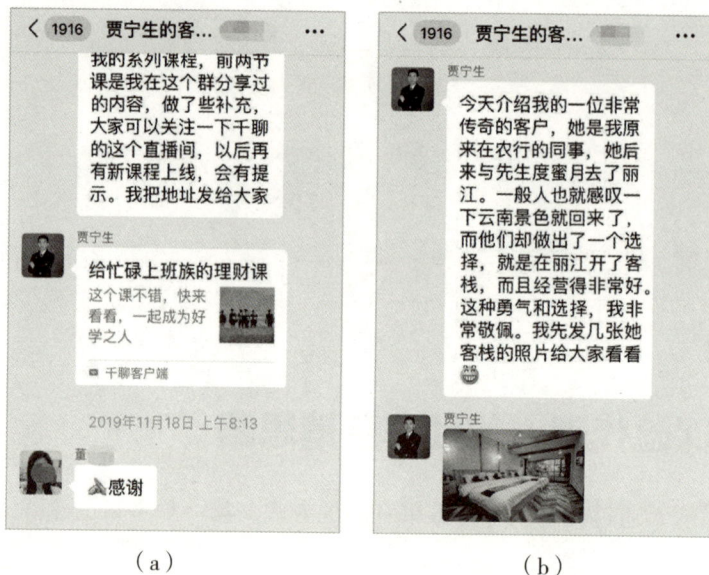

（a）

（b）

图 5-1

2. 非保险方向

你可以组建与保险无关，但有潜在客户的社群，如"小区宝妈群""城市车友会"等。这类群的好处是潜移默化，通过日常沟通及定期的线下活动，拉近群友之间的距离，先让大家信任你这个人，再引导大家关注你推荐的保险。

例如，这位保险代理人组建的宝妈学习与讨论群，群里 180 多位群友都是宝妈，她们日常在群里沟通孩子教育、陪伴、游戏等不同话题（见图 5-2），群友之间建立了良好的信任关系，有三分之一的群友最终成为了她的客户。

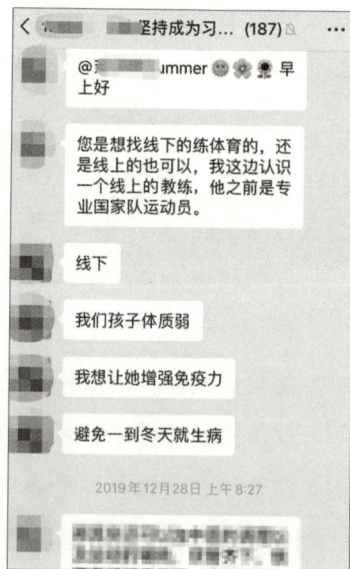

图 5-2

在这里，你可以认真思考：如果你要建一个微信群，那么这个群是什么群？这个群会邀请谁来参与？

5.2　怎样搭建社群的运营团队

高活跃度的自建社群往往需要形式多样的运营活动，而每一个运营活动背后都需要人。因此，自建社群前，你需要先组建一支运营团队。

一个好的社群运营团队，通常会有四类人——有号召力的、时间较多的、擅长群聊的、学习能力强的，如图 5-3 所示。

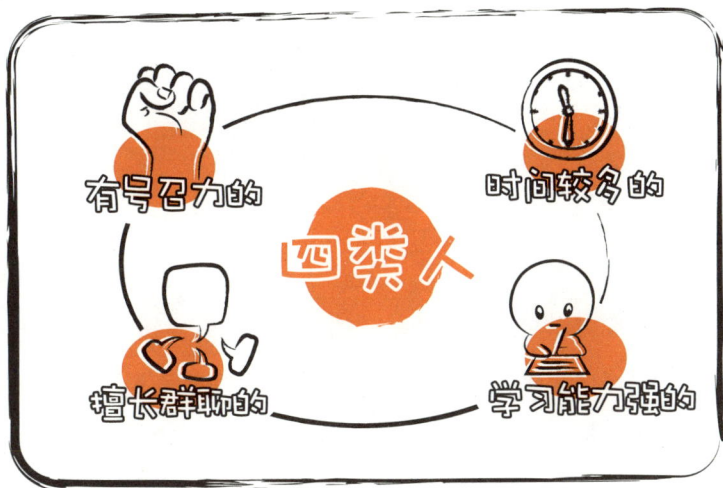

图 5-3

1. 有号召力的

这些人往往是某个领域的专家或者有一定个人品牌的意见领袖。例如，我的老师秋叶大叔创立的"知识型 IP 大本营"社群，每个人收费数千元，可是每一期都爆满，甚至推文没有发出时就没有名额了。这个社群就经常邀请有号召力的"大咖"入群，如畅销书《拆掉思维里的墙》的作者古典老师、DISC 双证班的李海峰老师等，如图 5-4 所示。

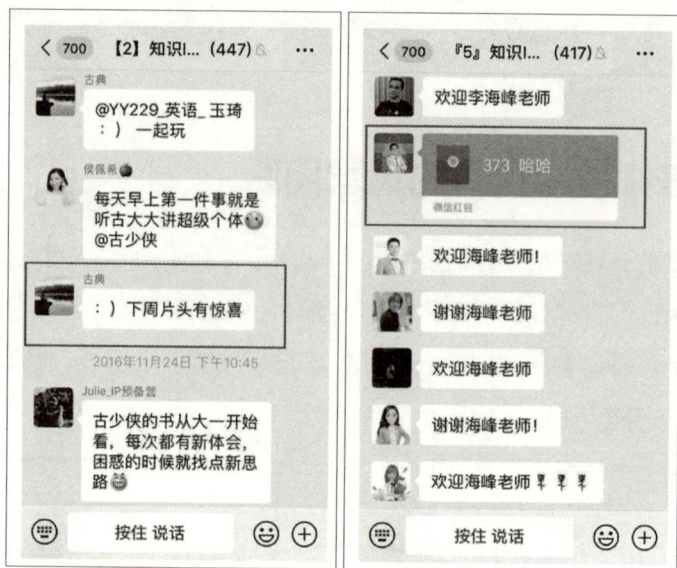

图 5-4

2. 时间较多的

这类伙伴虽然号召力没那么强，但是往往有充足的时间和精力，每天有大量时间在群里交流，你可以交给他一些基础的工作，如发通知，发公告等。

如何找到这类伙伴？建议你去朋友圈翻翻，看看有没有经常发朋友圈的朋友，他们的时间会相对充裕。

3. 擅长群聊的

这类人对于社群整体的活跃度有重要的作用，他们既可以表达自己对于某个话题的观点，又可以带动大家一起讨论。

同时，这类伙伴往往有很强的观察能力，社群气氛冷下来时，能马上想到一个新的话题并再次和大家聊起来。

4. 学习能力强的

这是一类非常愿意主动学习的伙伴，经常把学到的知识整理成思维导图或者逻辑图。这类伙伴可以带动社群的成长氛围——其他群友看到"学霸"整理的学习笔记，会感觉有收获、有成长，如图 5-5 所示。

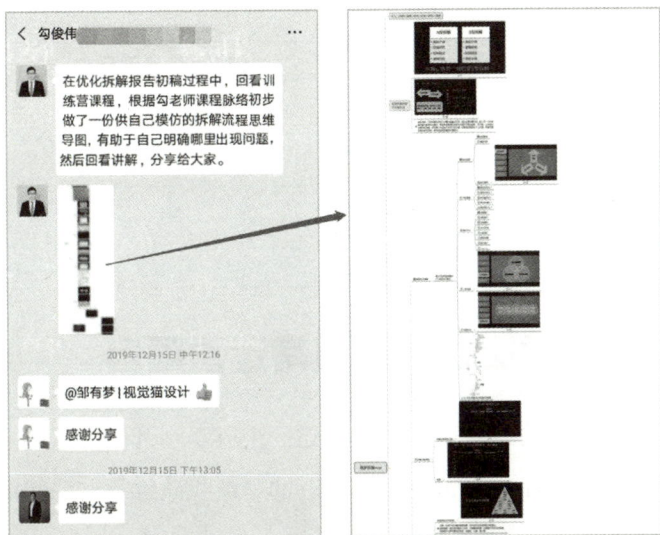

图 5-5

以上四类人都是适合吸纳到社群运营中的优质伙伴。可是大多数社群在起步时，创始人身边没有这么多高手，怎么办？

第一，让你自己具有多重属性——例如，你自己试着多"泡"在群里聊天、多总结，让自己成为"时间较多的""学习能力强的"这两类人，接着花时间找其他两类。

第二，团队未必一步到位，你可以根据社群情况逐步搭建起来。例如，社群刚起步的时候，运营团队可以只有群主和小助手；当社群规模较大甚至分裂出多个社群时，你再去邀请更多"大咖"，挖掘更多擅长群聊的人等。

现在，你可以打开自己的微信通讯录，盘点一下是否有适合一起做社群的伙伴，记录在表 5-1 里。

表 5-1

的社群团队资源盘点	
特质	微信名称
有号召力的	

续表

的社群团队资源盘点	
特质	微信名称
时间较多的	
擅长群聊的	
学习能力强的	

5.3 打造高质量社群的日常运营项目

"听说社群可以获客，于是兴冲冲地建一个群。刚开始大家还能聊聊天，一周后基本上就静悄悄的了，只剩下隔三差五的'帮我砍价''一起消消乐'等消息。"这是很多人自己建群的经历。

导致社群不活跃的原因通常是四个字：日常运营，即社群每天或每周的定期项目，如线上分享、打卡活动等。

好的运营能够有效促进群友之间的互动，大大提高社群的黏性。因此，你需要提前策划日常运营项目，随后带着团队伙伴落地执行。社群的日常运营有六种玩法，包括：热点新闻、话题讨论、精华整理、社群分享、"头脑风暴"和社群打卡，如图 5-6 所示。

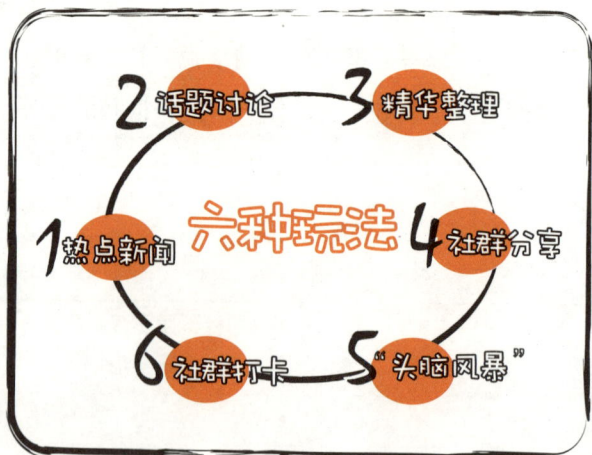

图 5-6

1. 热点新闻

你可以让社群运营的伙伴整理昨日关于行业、政策等方向的热点信息，便于大家快速获取资讯。这样，群里的小伙伴们每天都能知道昨天保险领域有什么新闻、有什么新玩法、有哪些最新的"雷区"等。群友跟着你一起对行业保持关注，会觉得群有所值。

2. 话题讨论

话题讨论也就是定期在群里问一个话题，让每个人参与回答。如果话题设置得当，格式又很固定，那么社群的活跃度会有不少提升。

例如，一个保险代理人为自己的母校建立了一个校友群，这个群活跃度很高。在群里，群助手每天早上都有一个问题，如"你最近读的一本书是什么？用一句话来做个推荐吧"等，引导群友互动，如图 5-7 所示。

图 5-7

问不出什么问题怎么办？你可以参考以下 3 个话题进行选题讨论。

第一，专业问题，如"大家的车险买的是哪家的，感觉怎么样"。

第二，热点问题，如"最近好几家互联网公司推出了保险，大家买了吗？觉得值得相信吗"。

第三，群友问题——每日一问的话题也可以由社群成员来贡献，你可以在今天的每日一问后边加上"本问题由 ×× 提供"作为奖励。

3. 精华整理

精华整理是对群聊内容进行整理，总结今天聊天的"金句"、观点等。虽然作为群主，你最不想看到的情况是群里没人说话，但是群太热闹也有很多弊端——有一些人平时比较忙，没有时间参与讨论，看着别人从早到晚"刷屏"式的讨论，他们会很有压力。

所以你需要定期整理聊天精华，让暂时没有看到群聊的伙伴不错过重要信息，不要焦虑，如图 5-8 所示。

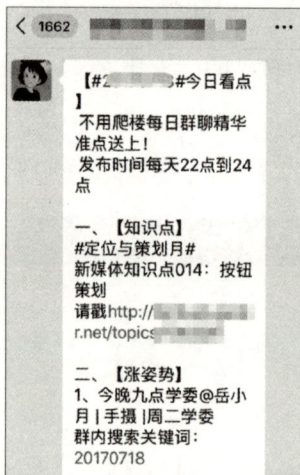

图 5-8

4. 社群分享

你可以邀请行业"大咖"在群里进行 1 小时到 1.5 小时的分享。

不认识"大咖"怎么办？你也可以挖掘群内在某方面有经验的小伙伴们定期做分享——每位群友都有擅长的方面，如有的擅长策划、有的擅长写文章等，你可以邀请社群内部的伙伴做跨行业的分享，帮助群友们"开脑洞"。

5. "头脑风暴"

"头脑风暴"对社群凝聚力有很大的提升作用，它指的是邀请群友一起为群里的小伙伴出谋划策。

例如，一个保险代理人组建了关于职场成长的社群。年底的时候，一位群友对年终总结毫无思路，这位保险代理人（群主）便发起"头脑风暴"，让群里其他人共同给出建议，如图 5-9 所示。

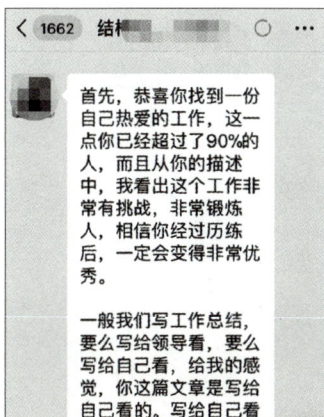

图 5-9

做"头脑风暴"，可以分成以下三个步骤。

第一步，思考这次"头脑风暴"的主题，如"我该如何摆脱月光族的状态"。

第二步，在群内发起调研，看谁在这方面有困惑，可以报名并填写自己的资料。

第三步，在约定好的时间邀请群里小伙伴一起给出建议。

为了提升"头脑风暴"的专业度，你可以提前邀请专业的导师，了解成员资料，并在约定的时间提供建议。这样既能保证大家都发言，又能保证发言质量。

6. 社群打卡

打卡也是社群运营的常见项目之一，目前很火的打卡有早起打卡、读书打卡、运动打卡等，好的打卡活动可以让参与者循序渐进地养成好习惯。

因此，你可以尝试在自己的社群里发起打卡，如"21 天读懂一本理财书""30 天瑜伽动作练习"等，带着大家一起行动起来，如图 5-10 所示。

总结一下，刚才讲到了社群日常运营的 6 种项目——热点新闻、话题讨论、精华整理、社群分享、"头脑风暴"和社群打卡。当然，社群日常运营远远不止这 6 种玩法，你可以和自己的运营团队进行"头脑风暴"，挖掘更多有趣的运营玩法。

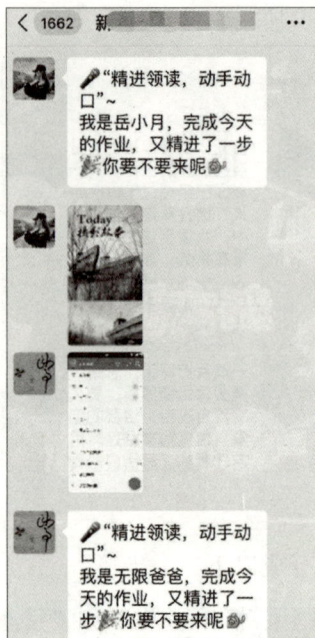

图 5-10

此外，单纯记忆这些运营方法还不够落地，你需要制作一份完整的《社群运营执行表》，具体到每天做什么，谁负责；每月做什么，谁执行等，如表 5-2 所示。

表 5-2

新手妈妈理财交流群运营执行表			
序号	项目	频率	负责人
1	晨读打卡	每天	宋益伟
2	资讯整理	每天	冀璐洁
3	社群分享·理财	每周三	邓秋成
4	社群分享·保障	每周五	陈凯
5	群聊整理	每周日	马绍良
6	……	……	……

请参照表 5-2，在表 5-3 中完成你的《社群运营执行表》吧！

表 5-3

群运营执行表			
序号	项目	频率	负责人
1			
2			
3			
4			
5			
6			

5.4 社群不活跃怎么办？用好这7个技巧

在你加入过的社群里，有没有建群时间超过两年，但是依然每天非常活跃的群？多数人在手机里是找不到这样的群的。

几乎所有的社群（即使群主很认真地在运营），都会遇到一个问题——沉寂。之所以会出现社群沉寂，不是因为社群运营得不够好，而是因为社群存在生命周期。

社群生命周期通常分为以下四个阶段。

第一个阶段是萌芽期，通常是刚建群的一段时期，大家往往会由于新鲜感而聊得很好。

第二个阶段是成长期，这个阶段不断有新人加入，由于有新鲜血液而比较活跃。

第三个阶段是稳定期，进群的新人不再增加，每天只有为数不多的人在群里活跃，其他人开始"潜水"了。

第四个阶段是沉寂期，说话的人越来越少，偶尔群里甚至会出现广告。

虽然多数社群最终会走向沉寂，但是为了让社群的营销价值最大化，你可以尝试进行激活，延长第三个阶段"稳定期"的时间。

不过需要注意，激活要在社群即将进入沉寂期时操作；一旦社群已经沉寂很久，如超过 1 年没人说话了，这时候你再去激活几乎是不可能的。

常用的社群激活方法有 7 个，接下来将按照从易到难的顺序，分别展开，如图 5-11 所示。

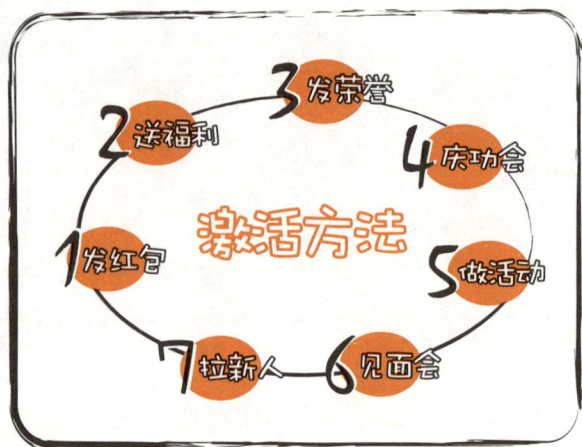

图 5-11

1. 发红包

发红包是最快速的激活社群的方法，也是最简单的方法。发红包也是有技巧的，时机不对或者过于频繁，不但起不到效果，反而会引起反感。

关于发红包，有两个方面你要特别注意。

第一，发红包一定要有理由，而且这个理由最好写在你的红包上——如在节假日的时候发个红包并写上"节日快乐"，新人进群的时候发个红包写上"一起欢迎新人"，甚至没有什么值得发红包的时候，也可以发一个创意红包并写着"早餐加个蛋"或者"中午加鸡腿"等。

第二，尽量尝试多种创意形式，不用拘泥于微信红包。例如，在微信搜索框搜索"腾讯黄金红包"后，你可以找到这款小程序，随后买入黄金，点击"发红包"按钮，如图 5-12 所示。群里伙伴可以直接在群里领取黄金红包——红包是真的黄金，群友可以直接兑换，这样趣味的红包会让大家眼前一亮。

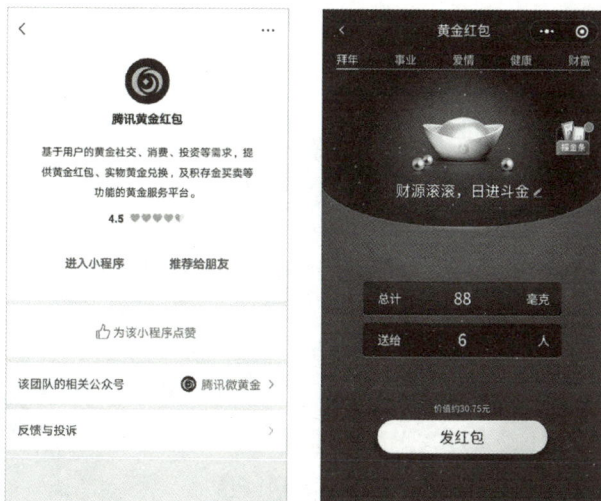

图 5-12

2. 送福利

社群福利指的是赠送对群友有价值的礼物，在一定程度上刺激群活跃度。

送福利时，你需要注意让福利与社群调性相符。例如，美食类社群可以送手工糕点或者可爱的餐具，学习类社群可以送书和线上课，本地娱乐社群可以送电影票和外卖代金券等，如图 5-13 所示。

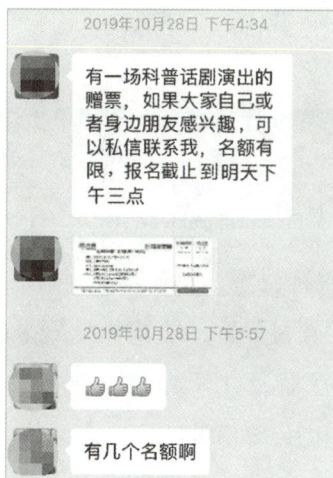

图 5-13

3. 发荣誉

这里的荣誉指的是在群里颁发证书或赠予荣誉称号，用于激励小伙伴。

例如，某个社群伙伴每天有足够的时间和精力且在群里很活跃，你可以邀请他做"言值官"；再如某个伙伴擅长整理，经常在群里分享自己的学习笔记，这时候你可以邀请他来做社群的"学习委员"等。

你的荣誉越有趣、越有脑洞，效果越好。

4. 庆功会

沉寂的社群，说话的人不多，大家也就不知道别人有哪些成长，自然也没办法意识到这个群的价值。因此，你可以私聊群友，看大家有没有值得庆祝的事情，随后及时发出这些喜事，进而提升社群的活跃度。

"人逢喜事精神爽"，社群喜事多了，自然会影响更多小伙伴。

社群里值得庆祝的主要有以下三大类事情。

第一，日常成长类，如在这一阶段有群员读完 10 本书、有的群员坚持跑步一个月等。

第二，工作成绩类，如有群员成功开了工作室、有的群员晋升为企业主管等。

第三，人生大事类，如结婚、生了宝宝等。

5. 做活动

每逢节日，在电视上都可以看到晚会，公司里也会有各种联欢活动；同样，在社群也能做这样的活动。

例如，某个社群曾在 12 月 31 日晚上组织了"社群跨年晚会"，当天群内有人发语音唱歌、有人录制跳舞视频、还有人发起猜谜语游戏（见图 5-14）。这样的晚会让所有群友都觉得耳目一新，过了很久依然印象深刻。

社群活动需要重视策划，你要在开始前先建立一个小群（包括主持人、导演、海报设计师等角色），专门做好幕后的统筹工作。

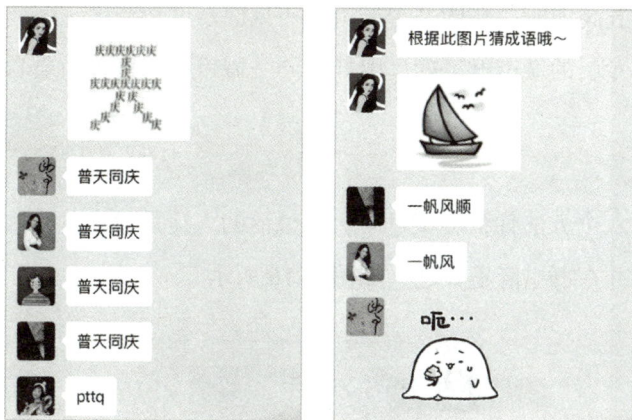

图 5-14

6. 见面会

关于社群，有一句流行语叫"线上聊千遍，不如线下见一面"。通过线下链接，社群成员之间会更熟悉，这非常利于接下来的社群沟通，如图 5-15 所示。

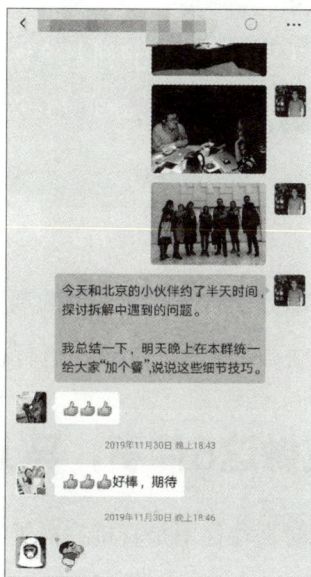

图 5-15

"做活动"需要你重视策划，而"见面会"则需要你重视引导。毕竟社群成员可能来自五湖四海，在同一个城市统一见面难度相当大。因此你可以按照不同的城市建起专属的城市群，随后引导在同一城市里的社群成员自己链接、线下沟通。

7. 拉新人

如果以上六个方法你都尝试过了，但说话的人还是没多少，这时可以尝试引入新的血液，并在群里隆重欢迎，如图5-16所示。

图5-16

以上7个常用的社群激活方法按照从易到难的顺序展开，如果社群即将进入沉寂期，你可以从第一个方法开始并逐个尝试，进行社群激活。

5.5 社群加好友做这5件事，马上被"拉黑"

保险代理人做社群营销时，往往不是直接在群里签单，而是在群里呈现专业度并"圈粉"，随后添加群友为微信好友并做进一步转化。

因此，在做社群营销时，你需要了解微信加好友的细节规则，防止走入"雷区"。这里有一份考题，你可以试着做做。

线上聊天"踩坑"测试

（1）客户在微信分享了一个有趣的事情，你回复什么比较好？

　　A. 呵呵

　　B. 哈哈哈哈哈

（2）公司组织了福利群，邀请好友进群可以领福利，你会——

　　A. 直接拉客户进群

　　B. 问问客户要不要进群，然后再邀请

（3）你的客户甲是汽车销售员，而客户乙打算买车，你会——

　　A. 直接把甲的微信名片发给乙

　　B. 建个 3 人小群做介绍，随后你自己退出这个小群，由甲乙自行沟通

（4）与客户聊天时，你学到一个很有用的观点，你会——

　　A. 聊天截图发朋友圈，表达对客户学识的赞叹

　　B. 聊天截图并为客户打马赛克，征求客户同意后发朋友圈

（5）客户发来一些尖锐的问题，你暂时不知道怎么回复，你会——

　　A. 在微信聊天界面打字，删删减减 10 分钟后发给客户

　　B. 在手机备忘录或记事本打字，删删减减 10 分钟后发给客户

（6）给很久没聊天的客户发消息，你会——

　　A. 发"在吗"，等客户回应

　　B. 直接说事情

（7）不确定客户是否删掉你，你会——

　　A. 用软件试试，看是不是真的删掉了

　　B. 不管它

（8）刚加一个新好友，你觉得发语音会——

　　A. 拉近双方的距离

　　B. 可能让对方不喜欢

（9）新加一个潜在客户为好友，你会——

    A. 不说话，万一人家知道我是做保险的呢

    B. 做个自我介绍

（10）公司有一款好产品，你想推荐给客户，你会——

    A. 群发给所有好友

    B. 编辑话术，单独发给潜在客户

这份测试题的标准答案是——全部填 B。每道题 10 分，你可以看看自己是否及格。

第 1 题解析：有一句话叫作"聊天止于呵呵"——你最好不要回复客户"呵呵"，尤其是年轻客户，很容易让人觉得你对人家有意见。

第 2 题和第 4 题：你需要先征求同意，再拉群或者发朋友圈。

第 3 题和第 5 题：涉及客户感受，千万不要让陌生人去打扰任何一个客户，哪怕在微信上；同时不要让客户一直等待，看到"对方正在输入"却迟迟看不到消息，会让人很不爽。

前边 5 道题仅会影响客户体验，不会涉及"拉黑"；而后边 5 道被称为"送命题"，不少保险客户表示自己对这些举动零容忍——换言之，加好友做这 5 件事的话，你很有可能马上被"拉黑"！

1. 说话绕弯

也就是第 6 题谈到的"在吗"，客户不知道要回复你什么。

网上的一个"段子"说"不要问我在不在，直接说什么事。如果我说在，你问我借钱怎么办？如果我说不在，你请我吃饭怎么办？"

确实，你需要有事说事，毕竟大家的时间都很宝贵。

2. 删人测试

在微信上，几乎每个人都收到过类似的测试，对方想看看你是否已把他"拉黑"，如图 5-17 所示。

如果你把这类测试发给潜在客户，人家会觉得"你为什么觉得我会删掉你

呢"，接下来就引起对方反感，对方甚至会向微信官方举报投诉。

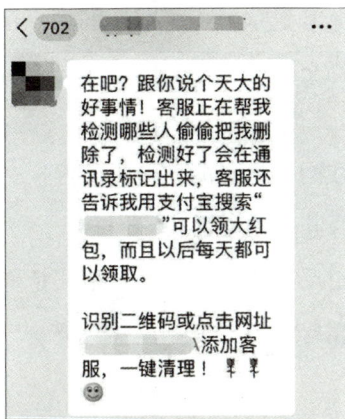

图 5-17

3. 默认语音

你有没有遇到过这样的情况——刚添加好友，对方不由分说发来一堆语音。例如，这个人刚加好友就发来 6 条语音，每条语音都是 50 多秒，如图 5-18 所示。

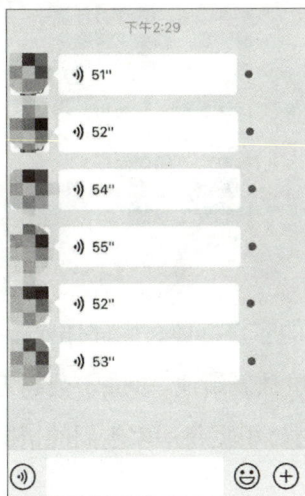

图 5-18

通常家人、同事、好友偶尔会在微信发语音，但刚添加客户最好不要直接发语音，因此第 8 题你要选择 B 选项——除非你的客户也是一个语音控，每条都用语音，这时候你可以用语音交流，毕竟要尊重客户的沟通习惯。

4. 不报家门

好友不能随便加，要在网上尽可能挖掘精准客户；既然是精准客户，他们有潜在需求，那么你没必要躲起来不说话。

你长时间不说话，客户反而摸不着头脑，最终把你拉黑了。因此第 9 题需要选择 B 选项，把你早已编辑好的自我介绍发给对方。

5. 群发广告

也就是第 10 题谈到的内容。不少保险代理人喜欢用微信的群发功能，把一张海报或一段文字发给所有好友，如图 5-19 所示。

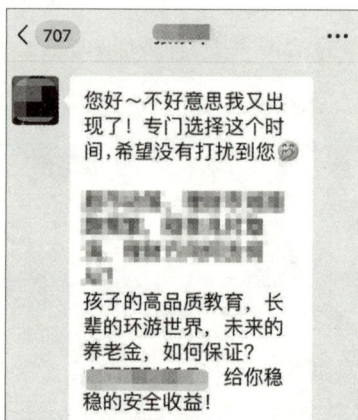

图 5-19

每个保险产品都有对应的客户群体，因此你要做的不是群发，而是在通讯录里找到可能有需求的客户，单独发给他。例如，公司近期会停止销售某款少儿险，你可以找到好友里的宝爸宝妈，根据每一家不同的情况有针对性地编辑一段消息，随后发给对方。

社群营销需要在群里"圈粉"并尝试私聊成交，因此以上 5 个常见的加好友操作你必须尽量避免，争取在第一时间赢得客户好感。

【知识卡：本章回顾导图】

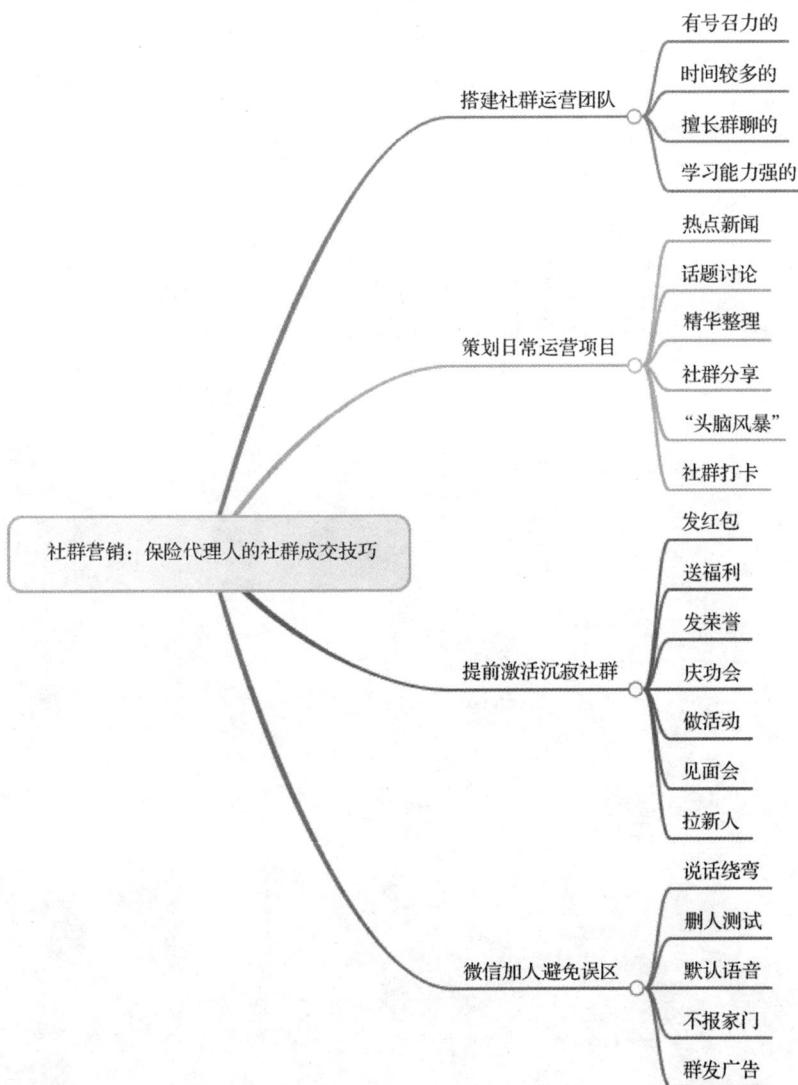

社群营销：保险代理人的社群成交技巧

搭建社群运营团队
- 有号召力的
- 时间较多的
- 擅长群聊的
- 学习能力强的

策划日常运营项目
- 热点新闻
- 话题讨论
- 精华整理
- 社群分享
- "头脑风暴"
- 社群打卡

提前激活沉寂社群
- 发红包
- 送福利
- 发荣誉
- 庆功会
- 做活动
- 见面会
- 拉新人

微信加人避免误区
- 说话绕弯
- 删人测试
- 默认语音
- 不报家门
- 群发广告

第 6 章 ————————————————

内容营销：用文章打动潜在客户

6.1　想写文章可是没文采，怎么办

本书第 4 章和第 5 章都是关于保险代理人的个人号营销——在社群呈现专业度并圈粉，随后通过有温度的朋友圈，赢得潜在客户的信任，最终成交。

在做好个人号营销的基础上，你可以尝试内容营销，通过微信公众号、头条号等平台撰写内容并提升自己的获客水平。

保险代理人在运营内容平台时，可以同步做好以下两件事。

第一，在内容平台定期发出优质文章，帮助客户做好保险科普并解读最新热点，积累一批忠诚的客户。

第二，随时查看后台的留言，关注客户评论或咨询。例如，图 6-1 中显示的就是一个精准客户在后台的留言。当你发现这条留言后，可以直接引导对方添加微信好友，最终通过个人号成交。

在内容平台打造个人品牌并提升影响力，需要持续产出优质文章。不过，不止一位保险代理人问过我："勾老师，我感觉自己没什么文采，憋了半天也憋不出 200 字，怎么办？"

其实我一开始在网上写文章的时候，也遇到过这样的问题。经过多年不断写作后，我逐渐发现，写好一篇互联网文章，其实未必需要很厉害的文采——把自己的观点梳理清楚，然后用很直白的语言写出来就好。

图 6-1

　　例如，保险类微信公众号"晓恒财富频道"，文章质量都很高，深受读者的欢迎。不过，当你单纯分析文章的文采时，你会发现内容里没有加入什么"之乎者也"，也没有用大量比喻、拟人等修辞手法，仅仅是思路清晰、语句接地气，就够了，如图 6-2 所示。

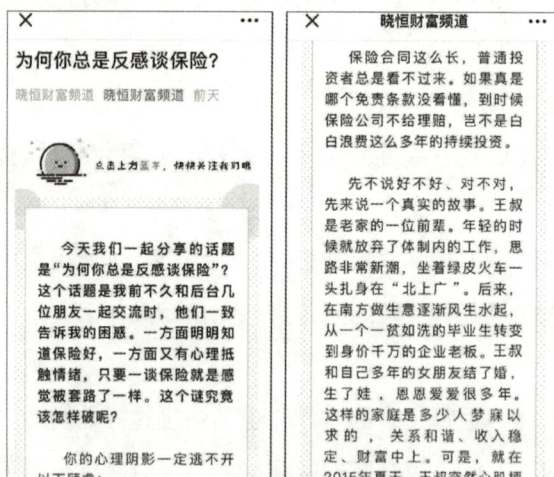

图 6-2

因此，你要关注的不是文章是否有文采，而是写作练习够不够。刚开始撰写文章，你可以先从以下 4 种写法练起；以后练习多了，再去尝试更有难度的写法。

1. 转载法

转载法指的是挖掘其他账号的优质文章，在文章前边或正文间加上你的推荐语，然后发在你的内容平台。

很多运营者都有自己的"执念"，觉得文章必须是自己亲自写出来的。

其实粉丝关注的是内容的价值，只要你的内容对他有用、能帮他解决问题，就算是别人的文章也无妨。

我的公众号也会转载其他人的文章。例如，我曾发布的一篇题目为《爆款 H5 拆解：博物馆文物成了精，齐刷刷玩抖音！》的文章，就是转载了另一个公众号"谦行公子"的内容，仅在文章开头的"===== 分享开始的分割线 ====="上方加入了一些个人评论。由于这篇文章对粉丝有价值，因此文章发布后，依然有不少粉丝在下方留言与点赞，如图 6-3 所示。

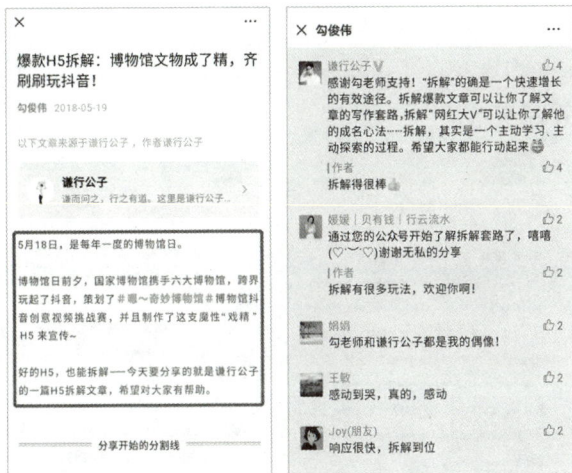

图 6-3

转载其他账号文章，你需要注意和作者沟通并注意平台的转载规则。例如，在微信公众号做转载，你需要让原作者进入公众号后台，为你开启转载权限，如图 6-4 所示。

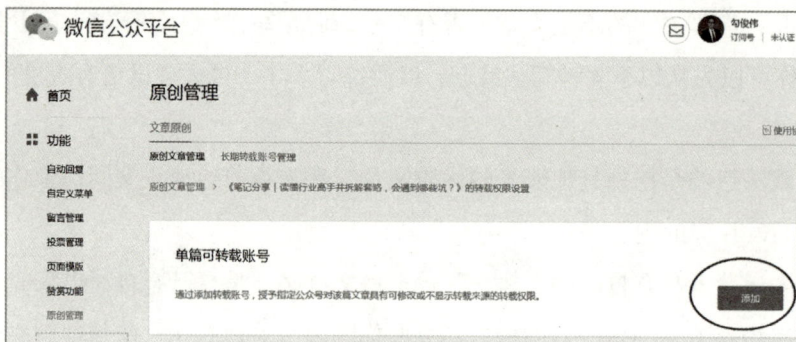

图 6-4

2. 解读法

透过专业的视角、采用通俗的语言对政策、规则等进行解读，这就是解读法。

保险相关政策或条款通常都力求严谨，也正因为此，它们往往都让外行人难懂。因此，你可以撰写《养老保险政策解读》《解读最新生育政策下的保障》等文章，为你的粉丝进行解读。

例如，这篇以《〈保险公司合规管理办法〉解读》为题的文章，就是对管理办法的专业解读。其中，无底纹的内容是管理办法原文，灰色底纹的内容是管理办法解读，如图 6-5 所示。

图 6-5

3. 盘点法

随着生活节奏的加快，很多人没有时间去整理资料，而是喜欢直接看别人整理好的内容，这些"别人整理好的内容"就是盘点类文章。

相信你在朋友圈看到过一些盘点类文章，如《盘点十大春季穿搭样式》《盘点 5 款适合职场新人的手表》《宝妈备孕物品大盘点》等。

保险代理人可以尝试撰写的盘点类文章包括：《30 岁职场人必买的五大险种》《买保险要知道的十大术语》《盘点去年保险行业的 9 件大事》等。

盘点法非常适合新人，因为盘点的核心在于小标题，小标题策划好之后，你可以去各个平台看资料、找灵感。

例如，你打算撰写《30 岁职场人必买的五大险种》这篇文章时，需要花时间构思出"一、医疗险""二、意外险"等小标题；至于小标题下的具体文字（这些险种的保障范围、保险金额等），都是你平常工作中再熟悉不过的内容了。

4. 总结法

上学的时候，老师经常要求学生写读书笔记，这其实和"总结法"有点像——当你读完一本书、参加完一场会议，甚至听完一段音频课以后，都可以试着把对你有启发的内容摘录出来，随后加上自己的收获，撰写一篇总结文章，如图 6-6 所示。

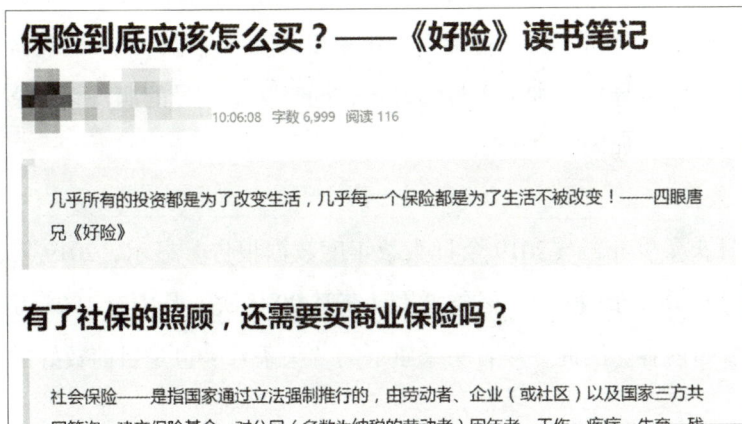

保险到底应该怎么买？——《好险》读书笔记

10:06:08　字数 6,999　阅读 116

几乎所有的投资都是为了改变生活，几乎每一个保险都是为了生活不被改变！——四眼唐兄《好险》

有了社保的照顾，还需要买商业保险吗？

社会保险——是指国家通过立法强制推行的，由劳动者、企业（或社区）以及国家三方共同筹资，建立保险基金，对公民（多数为纳税的劳动者）因年老、工作、疾病、生育、残

图 6-6

在互联网输出文章不难，难的是坚持。你可以尝试按照以上 4 种方法，反复练习与打磨。

写好文章后，发在哪里？我们将在 6.2 节中分享 7 个优质平台。

6.2 用文章做保险营销的7个优质平台

随着互联网的发展，主流内容平台的形式也在不断更新迭代。

2000 年左右，主流内容平台是论坛，很多网上"牛人"都是论坛版主。

2005 年左右，博客又成了主流内容平台，不少明星都开始注册新浪博客、百度空间等，表达自己的观点。

2010 年前后，微博逐渐成为个人品牌的标配。

那么，现阶段保险代理人在内容平台发布文章，应该去哪里？

答案是：多平台运营。由于网民兴趣的多样化，你需要注册多个平台，一篇文章同步更新到这些平台。

1. 微信公众号

微信公众号是给企业、媒体和个人提供的一种新型信息传播方式，用于构建与读者之间更好的沟通与管理模式。

由于目前微信仍然是国内社交领域的"巨无霸"，因此做微信营销的人无法绕开微信公众号。你可以尝试将微信公众号和微信个人号打通——在微信公众号发布优质文章并引导粉丝加个人号为好友，同时在个人号的朋友圈为公众号转发文章、吸引流量，如图 6-7 所示。

2. 头条号

据今日头条发布的《2019 今日头条年度数据报告》显示，2019 年，今日头条创作者全年共发布内容 4.5 亿条，累计获赞 90 亿次，其中有 1825 万人是首次在头条上发布内容。因此，今日头条旗下的"头条号"也是目前较好的内容平台之一。

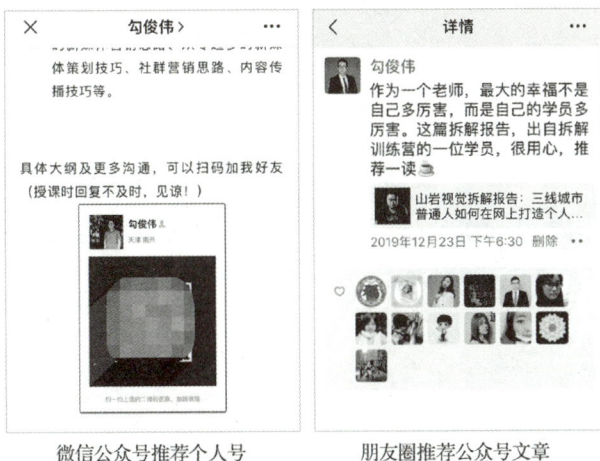

微信公众号推荐个人号　　　　朋友圈推荐公众号文章

图 6-7

头条号曾被命名为"今日头条媒体平台"，是今日头条旗下的内容分发平台，致力于帮助企业、机构、媒体和自媒体在移动端获得更多曝光和关注，在移动互联网时代持续扩大影响力，同时实现品牌传播和内容变现。

不少人以为拥有了今日头条账号就是拥有了头条号。在这里你需要注意，今日头条的"头条号"需要单独注册，在 PC 端百度页面搜索"头条号注册"并进入以下页面，单击"立即注册"按钮，并按提示完成操作，才可以完成入驻，如图 6-8 所示。

图 6-8

3. 大鱼号

大鱼号是阿里大文娱旗下内容创作平台，为内容生产者提供"一点接入，多点分发，多重收益"的整合服务。

大鱼号的优势在于，它可以提供阿里文娱生态的多点分发渠道，只要你发布一篇文章，即可同步显示在 UC 客户端（见图 6-9）；如果你发布的内容为视频形式，也可以同步显示在优酷等平台。

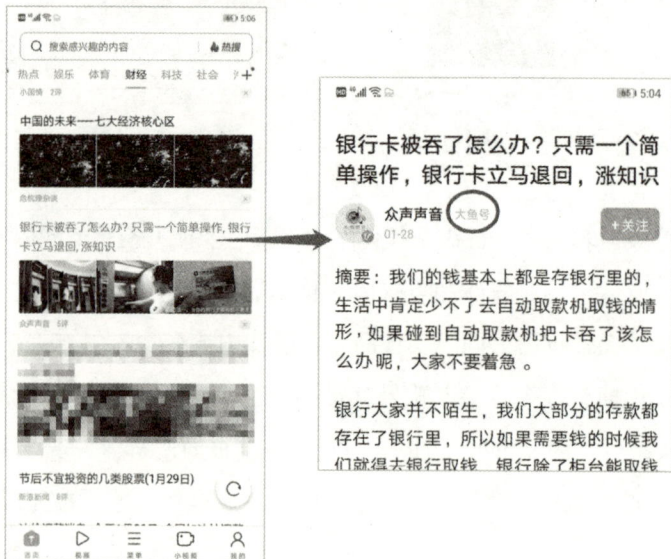

图 6-9

4. 百家号

百家号是百度为内容创作者提供的内容发布、内容变现和粉丝管理平台，于 2016 年 6 月启动并正式内测，9 月账号体系、分发策略升级，广告系统正式上线，9 月 28 日正式对所有内容创作者全面开放。

目前百度依然是国内搜索引擎领域的"领头羊"，因此注册并运营百家号，可以让你的内容在百度被搜到，无形之中提升了内容的曝光量。例如，在百度搜索"买保险要知道什么"时，排在搜索结果第一位的就是百家号，如图 6-10 所示。

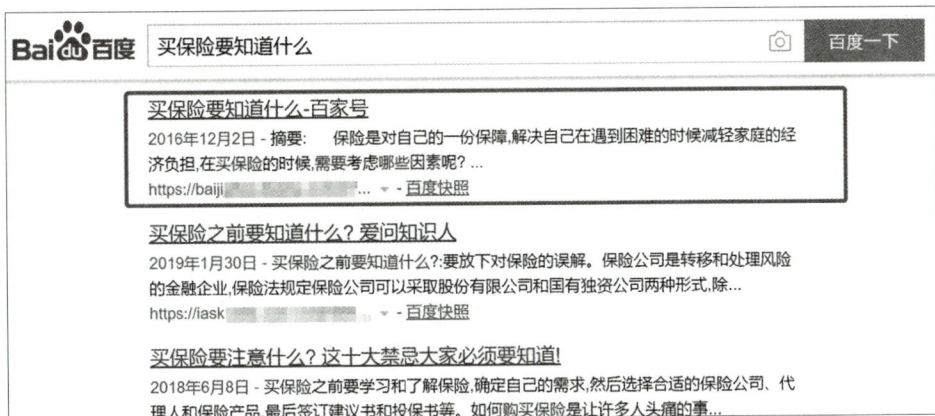

图 6-10

5. 企鹅号

企鹅号是腾讯旗下的一站式内容创作运营平台，致力于帮助媒体、自媒体、企业、机构获得更多曝光与关注，持续扩大品牌影响力和商业变现能力。同时，企鹅号平台也会扶植优质内容生产者做大做强。

与"大鱼号"类似，企鹅号也会依托腾讯的生态系统，帮你进行多平台分发。只要你发布优质内容，就有可能在微信、QQ、QQ 空间、腾讯新闻、天天快报、QQ 浏览器、应用宝、腾讯视频、NOW 直播、全民 K 歌等十大平台进行分发。

6. 搜狐号

2000 年以前谈到"门户网站"，搜狐网是所有网民绕不开的平台。虽然现在门户网站的影响力不如从前，但每天依然有比较稳定的流量。

搜狐号是在搜狐门户改革背景下全新打造的分类内容的入驻、发布和分发全平台，之所以建议你注册搜狐号，是因为搜狐网长久积累的媒体属性，使得搜狐的自媒体内容更容易获得客户信任。

7. 知乎专栏

知乎是一个专业的社区，其基于问答的内容生产方式和独特的社区机制，吸引了各行各业的"达人"分享经验。知乎专栏是知乎的功能模块之一，你可以申请入驻，分享自己的保险经验。

知乎专栏与以上内容平台不同的是，你可以和自己团队伙伴共创，让每个人都注册一个知乎账号，随后通过投稿的形式将团队优质内容呈现在知乎专栏，如图 6-11 所示。

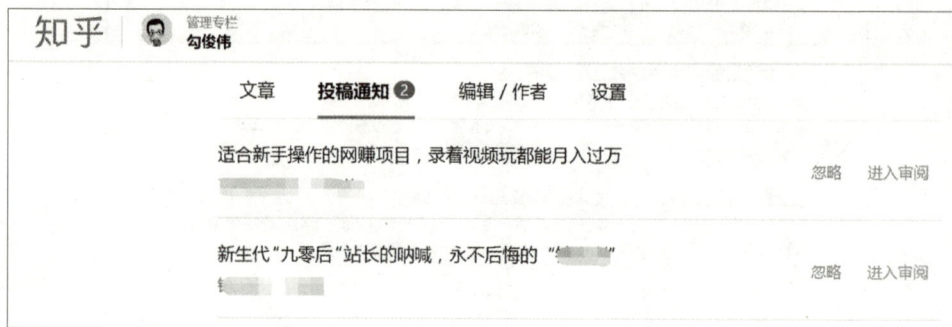

图 6-11

以上介绍了 7 个内容平台，如果一个人运营，担心自己精力不太够，怎么办？

首先，你可以花一晚上的时间，整理好自己的身份证照片、账号名称等资料，把这些平台一口气全部注册下来。

其次，选择一个平台重点运营，每篇文章都在这个平台首发。

接着，在首发平台推送一篇文章后，把文章内容复制粘贴到其他平台并发布。

最后，记得关注每个平台的留言并做好及时回复——这些留言里，也许会有你的潜在客户！

6.3 如何推广文章，让粉丝快速从零到万

《连线》杂志的创始主编凯文·凯利曾提出过"一千铁杆粉丝理论"——只要有 1000 个铁杆粉丝，当你推出最新的产品时，他们一定会赶来购买，那么你养家糊口不成问题。

互联网账号的"铁杆"粉丝比例往往不到 1%，拥有 1000 名"铁杆"粉丝意味着拥有超过 10 万名普通粉丝。

在这里，你可以先定个小目标，让自己的粉丝先从 0 到 10000，因为粉丝过

万很有意义。

第一，粉丝过万后，你的一切运营工作才算有基本盘——做活动会有人参加、写文章有人看，不至于每次都是阅读量不到 100，慢慢地就不想坚持了。

第二，粉丝过万后，你才能通过数据指导自己的运营——昨天的文章阅读量是 80、今天的文章阅读量是 50，说明不了什么问题；而粉丝过万、每篇文章至少有超过 500 甚至超过 1000 的阅读量，你就能通过这些数据分析出一些问题，进而找到改进的方向。

那么，如何进行推广？你可以尝试这 5 种方法：状态、社群、推荐、资源和活动，如图 6-12 所示。

1. 状态

也就是你在社交媒体发出的状态。在微信里，"状态"其实就是你的朋友圈。你需要把自己的公众号文章第一时间转发到朋友圈，甚至让亲朋好友帮你转，这是最直接的涨粉办法。

图 6-12

当你在朋友圈转发文章时，需要回顾本书 4.6 节"怎样在朋友圈发广告？5个模板告诉你"，找到产品广告模板。

产品广告模板包括两部分：提炼产品价值和阐述客户价值。因此，你需要先提炼文章的价值（如"这篇文章谈到了 3 个关键点"），再阐述客户的价值（如"看完这篇文章，你会马上知道养老政策有哪些变化"）。

除了微信朋友圈之外，QQ 的"说说"、微博、人人网的新鲜事、今日头条的"微头条"等都是状态，你可以同步推广。

2. 社群

社群推广比较简单，无非是把你的文章发在群里而已，此处不过多赘述。

不过，发的时候记得在群里发个红包，毕竟在社群需要经营好自己的社群形象。

3. 推荐

你可以寻找已经在运营内容平台的朋友，在他的账号推荐你、带一带你的账号，如图 6-13 所示。

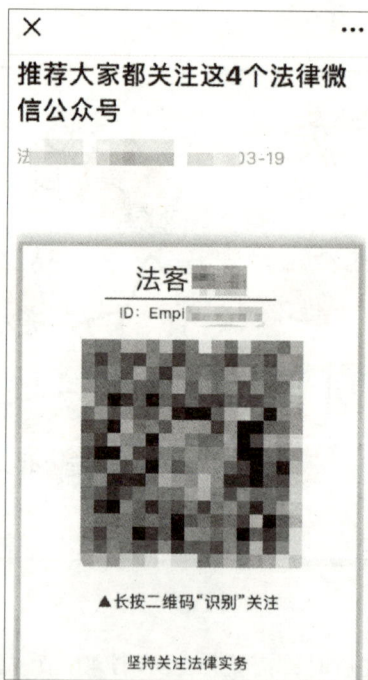

图 6-13

用"推荐"的方式推广文章，考验的其实是你的社交能力。

一方面，你需要在会议、表彰宴等场景下认识一些能够玩转互联网的朋友，扩大自己的新媒体交际圈。

另一方面，你可以友好地邀请对方在其公众号推荐你的账号；为表感激，你也可以在自己的朋友圈、微信群帮这些朋友做推广。

4. 资源

你可以尝试花些时间，制作优质的资源，随后免费供人下载——当然，下载的前提条件是对方已经关注你的账号、成为你的粉丝。

我曾制作过一组和职场人相关的求职思维导图、优质招聘网站列表等，并把这些放在自己的微信公众号后台；接着，在喜马拉雅、爱奇艺等不同平台进行宣传，引导大家"扫码关注公众号，回复 ×× 下载资料"，如图 6-14 所示。

图 6-14

随后，马上就有新粉丝关注并回复相关关键词了，如图 6-15 所示。

保险代理人可以尝试围绕客户需求，制作对应的资源，如"30 岁男士必买的保险 .pdf""保单配置流程 .jpg""主流保险产品横向对比 .xlsx"等。

这类资源制作完成后，你可以在朋友圈、微博等平台做推广，告诉大家"关注我的账号，并回复 ××，可以免费领取资料"。

只要你制作的资源够"走心"、够优质，推广效果不会差。

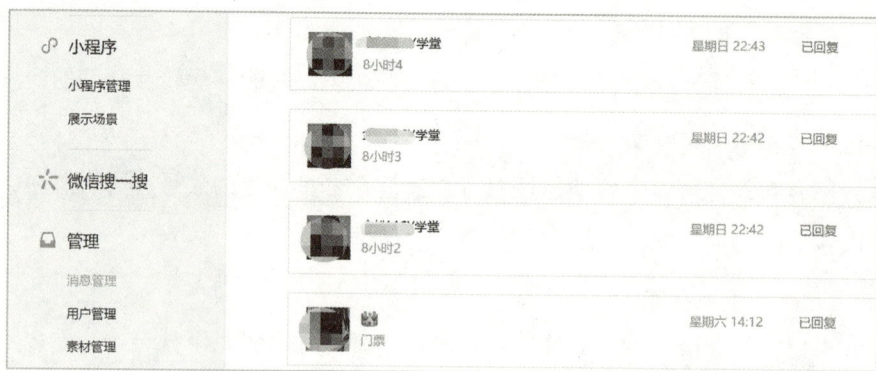

图 6-15

5. 活动

活动是提升粉丝数量的最好方法，没有之一。不论公司还是个人账号，都会通过定期的活动来"增粉"。

例如，小米手机同一天发出的微博，一条是早安问好，转发和评论数量加起来不足 100 个；另一条是"转发并关注，抽送一台小米手机"的活动，直接收获了 1.5 万个转发量和近 3000 条评论，"涨粉"自然不在话下，如图 6-16 所示。

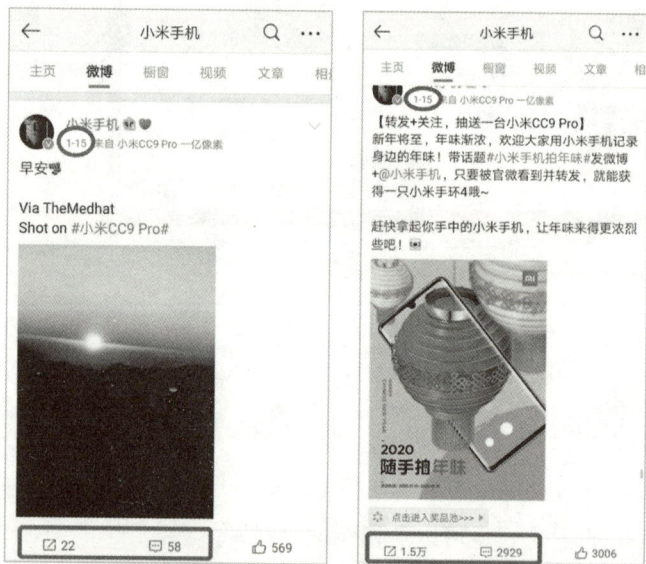

图 6-16

保险代理人的账号没必要模仿小米手机，毕竟不是每个人都能把手机等作为奖品免费发出去的。不过，你可以做一些"轻量级"活动，举例如下。

"转发本条内容，我会抽出 5 位幸运粉丝，每位粉丝送上一本优质理财书。"

"在本条内容下方留言，获得点赞最多的 3 位伙伴将得到电影票一张。"

"欢迎转发本条微博并 @3 位好友，我会抽取 1 位小伙伴，赠送价值 99 元的充电宝一个。"

互联网是有记忆的。刚开通内容平台的时候，你在网上发出的文章没有什么阅读量；但一周、一个月甚至一年后，你的文章会逐渐被越来越多的人搜索到，你的个人品牌也会随之逐渐打造起来。

6.4　用内容平台提升名气？绕开这些坑

运营内容平台，既可以提升你的品牌能量，又可以提升获客质量。不过，在开启内容平台之前，你必须知道有哪些大坑，以便远远地绕开它们。

1. 缺乏执行力

多数做不好内容平台的人，总有坚持不下去的理由，如"在公司一加班就耽误了写作，慢慢就不更新了""晚上需要看孩子，没什么时间写文章"等。

我曾经发起过线上的写作训练营，要求学员每天完成一篇 500 字的文章。最初有 1000 多人报名，第一天的作业有 600 人完成，半个月后只有不到 50 个人在坚持了。

要想绕开这个坑，没有任何技巧。就像坚持跑步、坚持读书一样，需要你内心坚定。

不过，持续更新不等于"日更"——如果你的账号风格偏向于陪伴，如成长、读书等，那么你可以"日更"，每天写写对生活的感悟、对事件的看法、对成长的建议等；如果你的账号风格偏向于输出"干货"，如法规解读、买保险的技巧等，那么你可以尝试"周更"，每周输出一篇高质量的文章。

这里需要注意，周更不是拖延到周日晚上 11 点再动笔、12 点发出来；而是用一周的时间去收集素材、整理思路、撰写文字、排版优化，最后推送。

2. 方向反复改

有些人尝试写政策解读文章并坚持一个多月后，发现自己的积累不够，对政策理解得不太清楚，于是开始换方向，改成分享保险案例；又过了半个月，发现自己手头积累的案例不够多，于是又开始改变方向，写家庭理财文章。不断更换写作方向，结果没有任何累积，一直在从零开始。

怎么绕开这个坑？

你不妨暂拟一个初步的定位，然后开始发布内容。在运行过程中，关注大家给你的留言，做做微调。例如，我的一位学员的微信公众号，最早的内容定位是"保险干货分享"，发现不少人留言说"能不能具体讲讲""能不能说几个例子，感觉没听懂"，于是逐渐把内容定位改为"保险案例分析"，果然转发和点赞的人多了起来。

3. 知识无体系

经常有内容平台的运营者抱怨说，自己更新了 10 篇文章，感觉快被掏空了，写出的文章自己都不喜欢读，感觉没什么营养。

出现这类问题，主要原因是没有建立专业的知识体系。

谈到"学习专业知识"，不少保险代理人马上想到的是看微信公众号的"干货"文章、听喜马拉雅的"干货"音频等。其实这些都只能算是碎片化知识，读完你依然写不出什么"干货"。你需要做的是系统地学习法律知识、金融知识、销售知识等，随后把学习资料和自己的心得分门别类地整理并记录下来，做出属于自己的知识库，如图 6-17 所示。

线上营销其实不是建立在空中楼阁上的，你要做的是：先成为一个合格的保险代理人，再成为一个线上成交的保险代理人。

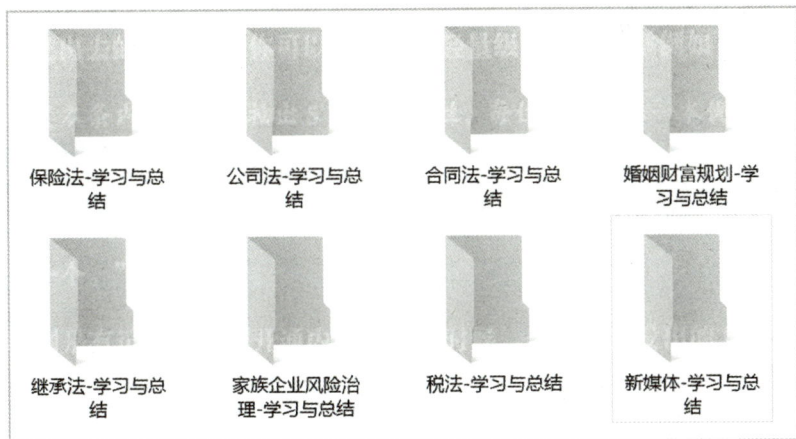

保险法-学习与总结　　公司法-学习与总结　　合同法-学习与总结　　婚姻财富规划-学习与总结

继承法-学习与总结　　家族企业风险治理-学习与总结　　税法-学习与总结　　新媒体-学习与总结

图 6-17

4. 运营不完整

很多人以为做好内容平台就是不停地发文章，但是做着做着就会遇到瓶颈：每天坚持发文章但好像并没有什么长进，粉丝数和阅读数都没有变化。

要突破这个瓶颈，除了发文章之外，你还需要有一些运营思维，举例如下。

（1）建立粉丝社群，提升你的个人品牌温度感。

（2）在公众号做活动，提升粉丝的活跃度。

（3）在文章留言区引导评论，提升粉丝的参与感。

（4）定期发起账号直播分享，用真人出镜拉近与粉丝的距离，等等。

内容平台可以有百万甚至上千万人同时关注你，非常适合提升你的个人品牌知名度。不过，成功的方法有很多，而失败的原因却很相似——先绕开以上几个坑，你的内容平台运营才会更稳健。

在 5G 时代，除了写文章外，是否还有其他打造个人品牌的方式？下一章，我们会学习更生动的内容形式，通过视频、微课等产生更好的获客效果。

【知识卡：本章回顾导图】

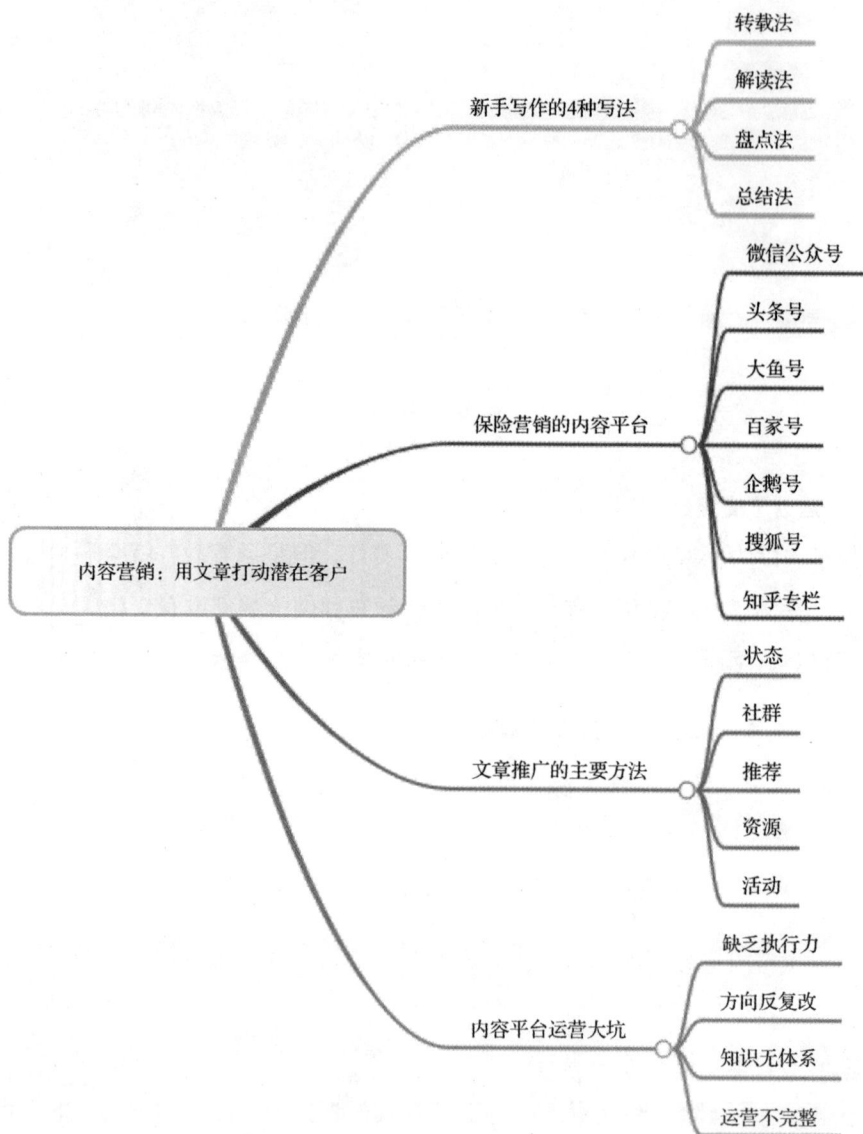

内容营销：用文章打动潜在客户

- 新手写作的4种写法
  - 转载法
  - 解读法
  - 盘点法
  - 总结法
- 保险营销的内容平台
  - 微信公众号
  - 头条号
  - 大鱼号
  - 百家号
  - 企鹅号
  - 搜狐号
  - 知乎专栏
- 文章推广的主要方法
  - 状态
  - 社群
  - 推荐
  - 资源
  - 活动
- 内容平台运营大坑
  - 缺乏执行力
  - 方向反复改
  - 知识无体系
  - 运营不完整

第 7 章

视频营销：5G 时代下的获客技巧

7.1 保险代理人的视频营销思路及平台

2019 年 6 月 6 日，工业和信息化部正式向中国电信、中国移动、中国联通、中国广电发放 5G 商用牌照，我国正式进入 5G 商用元年。

对老百姓而言，5G 时代最直观的体验就是"网速变快"，5G 比 4G 网速快 10 倍左右，下载一部电影大片一两分钟就足够，看视频也不再卡顿了。

也正是因为如此，优酷、爱奇艺、腾讯视频等传统视频平台如获新生，其推出的网络综艺、网剧频频出现在热搜头条；同时，抖音、快手等短视频平台得到越来越多客户的关注。

在搜索数据平台"百度指数"上，网民对于"短视频"的搜索热度从 300 一路飙升至 1200，两年增加了 3 倍，如图 7-1 所示。

在 5G 时代，保险代理人也必须关注视频营销。

不过，一味模仿其他行业"直播带货""夸张搞怪"等形式显然是无法获客的。不同行业有不同的打法，保险代理人要有更富行业特点的思路。

思路一：短视频平台"圈粉"。

你可以尝试拍摄并发布短视频，如果你的内容优质，潜在客户很有可能会直接出现在评论区，如图 7-2 所示。

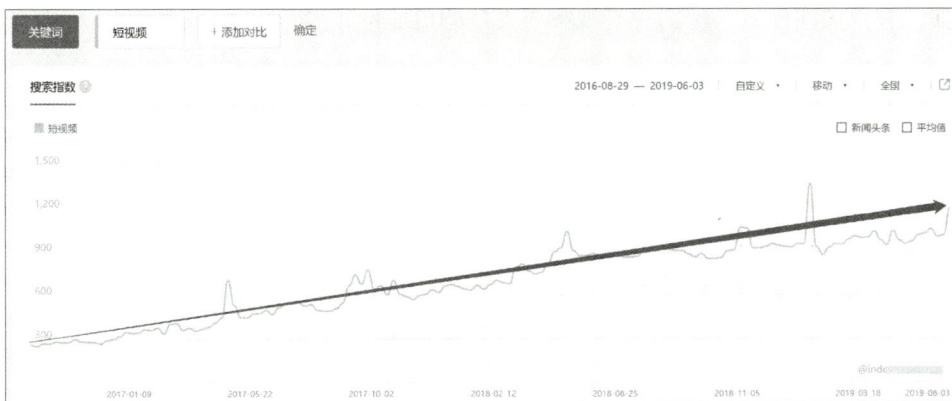

图 7-1

图 7-2

以下短视频平台，很适合保险代理人入驻并运营。

（1）抖音：这是一个旨在帮助大众客户表达自我、记录美好生活的短视频分享平台，应用人工智能技术为用户创造丰富多样的玩法，让用户在生活中轻松快速产出优质短视频。

（2）快手：国民短视频社区，记录和分享生活的平台。快手的社区属性较强，客户关注你后，定期观看视频或直播的可能性较大。

（3）微视：腾讯旗下短视频创作与分享平台。微视用户可通过 QQ、微信账号登录，将拍摄的短视频同步分享给微信好友，并分享到朋友圈、QQ 空间。

（4）全民小视频：由百度团队打造的一款专业小视频分享发布软件，于 2018 年上线，覆盖多种类型的小视频，用户可以发布小视频分享、记录生活，支持大眼瘦脸美颜和各种贴纸等功能。

以上 4 个视频营销平台，当你在软件市场搜索并下载后，直接注册即可完成入驻，如图 7-3 所示。

软件市场搜索并安装　　　　　账号注册并登录

图 7-3

思路二：在线教育平台获客。

目前主流的在线教育平台，大都以视频课或直播课的形式为主。如果你对于"零基础买保险""儿童保险投保"等知识有系统的研究，那么可以策划视频课程，用知识分享的形式展示自己的专业度，随后"圈"到粉丝，如图 7-4 所示。

　　虽然在线教育平台有很多，但你可以先在主流平台上摸索规律和技巧，随后逐步分发到更多平台。

图 7-4

　　（1）网易云课堂：网易公司打造的在线实用技能学习平台，该平台于 2012 年 12 月正式上线，主要为用户提供海量、优质的课程，用户可以根据自身的学习程度，自主安排学习进度。

　　（2）腾讯课堂：腾讯推出的专业在线教育平台，下设职业培训、公务员考试、托福雅思、考证考级、英语口语、中小学教育等众多在线学习课程，打造老师在线上课教学、学生及时互动学习的课堂。

　　（3）淘宝教育：提供电子商务、公务员、亲子早教、财务金融等课程培训学习。

　　与第 6 章谈到的内容平台类似，建议你整理好自己的身份证照片、账号名称等资料，花一晚上的时间把这些平台一口气注册下来；随后，你就可以把更多精力放在内容策划和粉丝增长上了。

7.2 利用好抖音和快手，这些算法知识必须懂

保险代理人做视频营销的第一个思路是"短视频平台圈粉"。

不过，多数人刚开始做短视频账号时，会觉得摸不着头脑。在传统的视频平台（优酷土豆、爱奇艺等），这些账号随着粉丝的增加，其点赞量与曝光量都会提升；但是在抖音、快手等平台，经常有"粉丝不多，但曝光量大"的情况发生。

例如，这个短视频内容，点赞量4.6万，但账号粉丝仅超过3000，如图7-5所示。

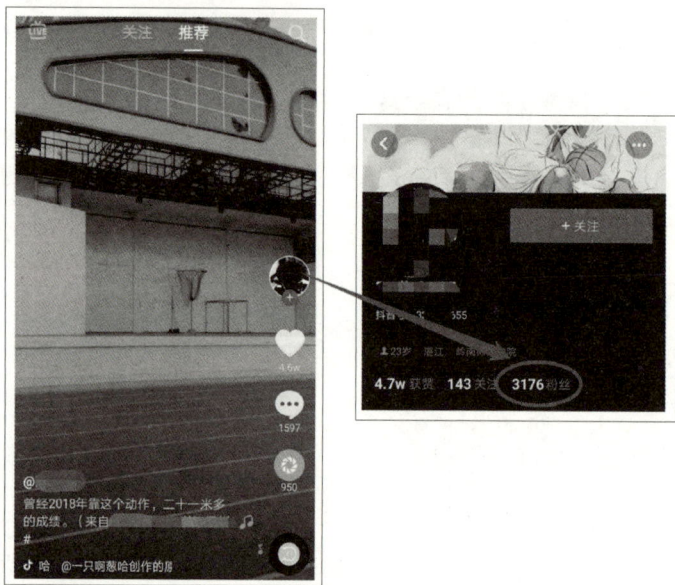

图 7-5

为什么会这样？

因为短视频平台的算法与传统平台有所不同。所以，在短视频平台做营销，必须先了解算法，随后用算法来指导自己的具体工作。

短视频平台的推荐算法机制包括4个部分，如图7-6所示。

1. 用户浏览信息抓取

平台会记录每一位用户的观看数据，如各类视频的观看时间、点赞视频的类

别、关注账号的类别等。

2. 用户阅读习惯分析

平台针对已经抓取的用户观看信息，对用户进行分析并判断其感兴趣的内容。

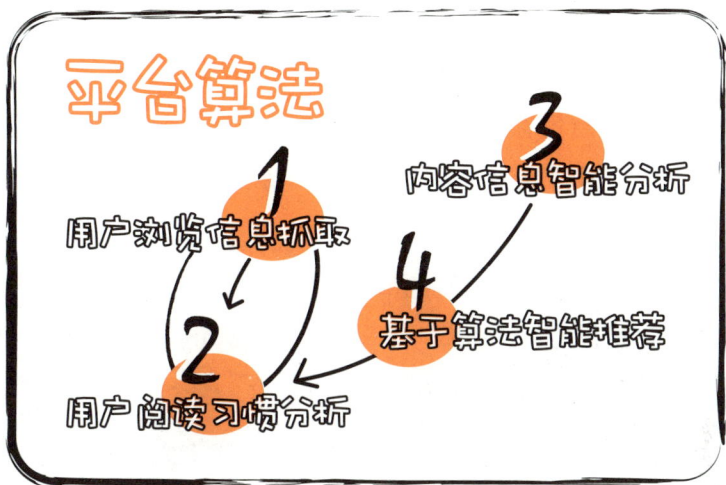

图 7-6

例如，某个用户打开抖音软件后：

- 看到一个亲子舞蹈视频，不感兴趣，快速划过。
- 看到一个汽车试驾视频，很感兴趣，把视频看完。
- 看到一个美食推荐视频，不感兴趣，快速划过。
- 看到一个新车点评视频，很感兴趣，把视频看完且点赞。
- 看到一个电影解读视频，不感兴趣，快速划过。
- 看到一个家庭搞笑视频，略感兴趣，看了5秒划过。
- 看到一个"带你看车展"视频，感兴趣，把视频看完且留言。

……

随后，抖音系统会"猜测"该用户喜欢汽车类短视频。

3. 内容信息智能分析

除了分析用户外，平台也会对每一条短视频进行智能分析。一方面，根据视频原创度、清晰度等信息判断内容质量；另一方面，抓取内容的主要信息并做标签分类，便于后续分发推荐。

短视频系统就像一个自动分类机器人，把短视频放到"财经""社会""美食""汽车""房产"等不同的类别；随后继续细分，光是"汽车"类别下又可以分为"汽车评测""汽车问答""用车技巧"等。

4. 基于算法智能推荐

对用户及内容进行信息抓取与分析后，平台会根据算法进行内容推荐，让"2.用户阅读习惯分析"这一步里的用户可以精准地看到"3.内容信息智能分析"的视频。

因此，在短视频平台，系统会"猜测"用户感兴趣的内容，然后根据其浏览喜好自动推荐——这正是本节开头"粉丝不多，但曝光量大"出现的原因。

围绕以上算法规则，你需要做好以下3件事情。

首先，账号定位要清晰。

为了让系统能判断出你的行业并做精准推荐，你最好沿着一个方向去拍摄，如"每天一个保险小知识""每天一个案例解读"等，不能今天分享保险、明天随手拍美食。

其次，内容本身要考究。

用高清晰度的设备且选择无杂音的场景进行拍摄，同时字幕、配乐等不能马虎。

最后，初期数据要优质。

当你发布短视频内容后，可以邀请家人、朋友来浏览、点赞或评论，因为好的完播率、点赞率等数据会让系统"觉得"你的内容还不错，进而推荐给更多的潜在客户。

7.3 保险代理人的五大短视频内容方向

2018-2019年是短视频平台的爆发期，有一些保险代理人注册了抖音、快手等账号，但只是模仿"网红"的短视频去运营，发现这样的内容没什么获客效果。

一味模仿其他行业的玩法，越努力，你就会越焦虑。你需要做的是把保险和短视频结合在一起，拍摄出毫无违和感的短视频内容。

保险行业常用的短视频内容有五个方向，包括剧情式、干货式、才艺式、解读式和热点式。

7.3.1　真人出镜，演绎剧情

保险代理人可以创作的第一类短视频内容是剧情式。短视频平台是表演者的天然舞台，如果你或你的团队伙伴在日常生活中就很有表演天分，聊天时的语气和动作像演员一样夸张，那就可以尝试拍摄这类内容。

例如，这个保险类短视频账号，每个短视频都围绕一个真实剧情，通过真实的场景和真人对话形式，让客户更容易理解保险的相关内容，因而获得了大量网友点赞，如图 7-7 所示。

图 7-7

7.3.2 干货讲解，传播价值

保险代理人可以创作的第二类短视频内容是干货式。与剧情式内容相比，干货式略显枯燥。不过，如果你能够用直白的语言把保险知识讲深入，尝试干货式也未尝不可。

例如，图7-8中的短视频作者经常围绕客户感兴趣的保险话题进行讲解。由于他的行业积累足够丰富、对话题的讲解足够透彻，其发出的短视频内容也获得了不少网友的点赞与互动。

图7-8

7.3.3 能歌善舞，才艺圈粉

保险代理人可以创作的第三类短视频内容是才艺式。这类内容需要出镜者有一定外显的特色，如会乐器、唱歌好、跳舞流畅等。

你的内容本身未必与保险相关，但可以在文字介绍区域写出自己的相关信息，这样，观看视频的客户依然会知道你的身份，有需求的会直接联系你。

例如，图 7-9 中的保险团队会不定期发布欢快的跳舞内容，客户浏览到这条短视频时会感受到团队的氛围，自然愿意为该团队点赞与转发。

图 7-9

7.3.4　影视解读，引发共鸣

保险代理人可以创作的第四类短视频内容是解读式。在写文章时，你可以解读某个规则或政策；在拍摄短视频时，你也可以重点解读某个电影、电视剧或热门新闻事件。

例如，这条短视频截取了影视剧中的片段，突出一句"买保险了吗"（见图 7-10），在引人发笑的同时，让客户在评论区聊起了保险的重要性。

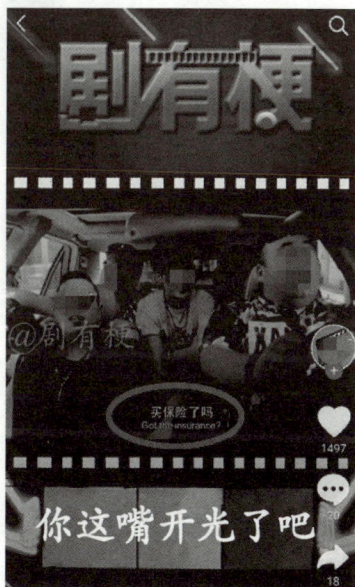

图 7-10

7.3.5 跟拍热门，提升人气

抖音、快手等短视频平台都鼓励用户参与互动，因此当你采用热门配音、热门道具或参与热门话题时，内容点赞量、评论量等数据都会比同一时间的其他视频高，这就是保险代理人可以创作的第五类短视频内容——热点式。

例如，图 7-11 所示的这条短视频内容，既结合了全国保险公众宣传日的节日热点，又结合了"我为 78 点个赞"的热点话题，通过创意手指舞为保险业加油，内容获得了网友的点赞与转发。

图 7-11

保险代理人做视频营销，不需要面面俱到，精通几项即可。你可以结合自己的优势，从以上五大短视频内容方向里匹配最适合自己的形式，随后根据反馈逐步优化。

7.4 设计优质微课，用好内容引出潜在客户

保险代理人做视频营销的第二个思路是"在线教育平台获客"。

随着生活节奏的加快，客户注意力被不同的软件分散。因此，以前网上动辄一两个小时的课程视频逐渐不再受人欢迎，取而代之的是 20 分钟左右的微课。

时间短不意味着可以偷懒，相反，所有的精华都需要浓缩在这 20 分钟内。你可以尝试通过四个步骤策划自己的微课，快速吸引客户并赢得信任，如图 7-12 所示。

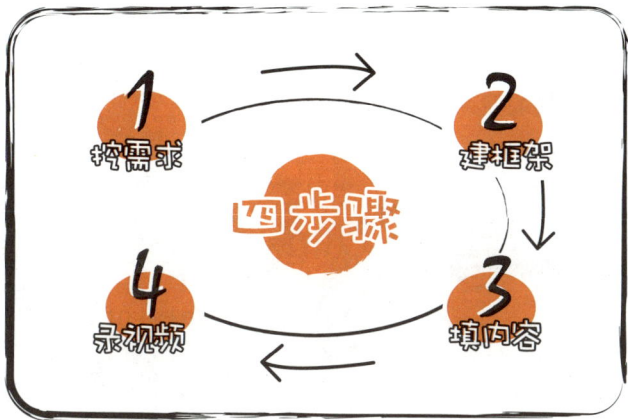

图 7-12

1. 挖需求

不少人觉得"我做好一套课程就好，无论到那个平台都可以讲"，听起来似乎没错。但从效果上看，没有分析需求直接去讲课，你的微课就没有针对性，听众也不一定能够学到想学的内容。

因此，你可以利用麦客、金数据等问卷网站，生成表单并发送给潜在客户，了解对方的需求。

你的问卷需要涉及以下至少三方面的内容。

第一，潜在客户的基本情况，包括姓名、性别、地区、职业等。

第二，潜在客户困惑的问题，如"以下 5 种情况，哪些是你经常遇到却不知道解决方法的？""关于××，你最头疼的是什么？"等。

第三，潜在客户期待的效果，如"通过课程学习，你最希望掌握的是什么？"等。

问卷填写完成后，你可以直接进入后台分析并做内容调整。

2019 年，我打算为保险代理人开发一套文案课程。

我本来打算重点讲解微信公众号文章的写作技巧，但是在调研后发现大家更多的需求是发朋友圈（见图 7-13），于是我快速调整课程，让内容更专属，后续课程上线后也得到了学员的五星好评。

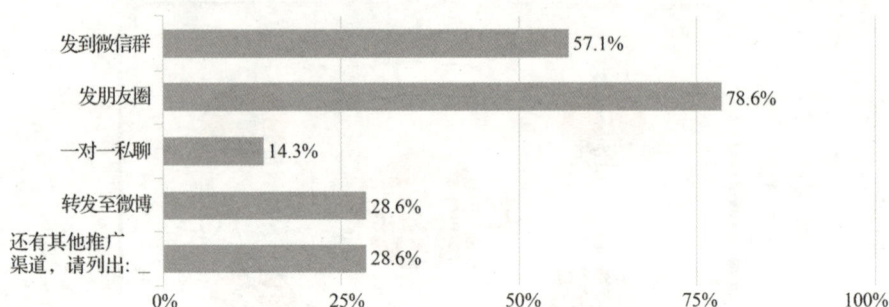

图 7-13

2. 建框架

了解听众的需求后，先别忙着做细节工作，而是要搭框架，把课程大纲做出来。常见的微课框架分为两类：递进性、并列型。

首先是递进型，就像流水一样，按照顺序分别提出问题、分析问题、解决问题。

例如，你要做一次关于"如何制订个人保障计划"的微课，可以这样设计：

前边 5 分钟：根据调研结果，谈 3 个共性问题；

中间 5 分钟：分析以上问题，初步给出解决办法；

后边 10 分钟：细化展开解决办法，并分享真实案例。

其次是并列型，直接在开头抛出核心要素，接下来分别讲解这些要素，其中，各个要素之间是并列关系。

还是上述关于"如何制订个人保障计划"的微课，你可以这样设计：

开场 5 分钟：分享个人保障计划的主要组成模块，如重疾保障、意外保障、住院医疗、轻症保障等；

接下来的 15 分钟，分别讲：

- 怎样做好重疾保障？
- 如何设计意外保障？
- 住院医疗保险金是什么？怎么算？
- 轻症保障包括哪些类别？

......

3. 填内容

有了框架，接下来就需要按照框架去设计 PPT 的内容了。零基础的保险代理人做微课，重点是做好这两部分："干货"、案例。

"干货"是微课的精髓，包括思考问题的思路、解决问题的方法、快速解决问题的技巧、科学做事的工具等；不过，纯"干货"的微课不一定让人喜欢，因为大家普遍对于"干巴巴"的道理难以下咽，因此你最好在讲到每一个方法或技巧后，配一些理赔案例、相关截图等，如图 7–14 所示。

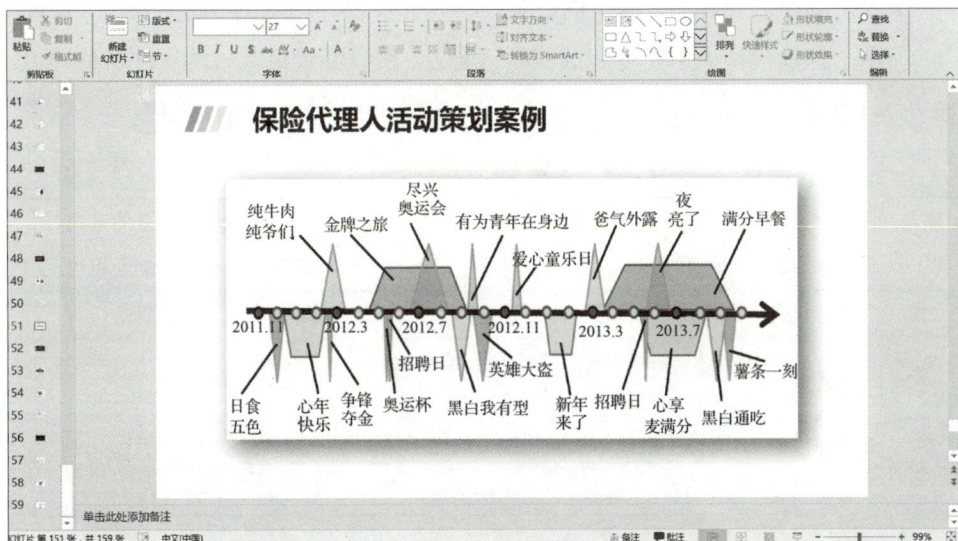

图 7–14

4. 录视频

录制视频需要相关软件，你可以打开 8.6 节"知识传播工具：KK 录像机"，了解具体录制方法。

以上四个步骤完成后，你可以把视频上传到已经入驻好的网易云课堂、腾讯课堂等平台。不过在上传前，你最好设计出一个吸引人的封面图，让更多潜在客户有点击进入并开始学习的欲望。

封面图怎么做？请回顾 4.1 节"保险代理人的朋友圈成交公式"，找到创客贴的使用方法，随后在模板上创作即可。

7.5 视频营销的硬件器材

正如文章排版和配图会影响读者的阅读兴趣一样，视频本身的质量也会影响观看者的兴趣。

此外，由于短视频平台算法推荐机制的存在，画面不清晰或声音嘈杂的内容将无法获得系统推荐，也就无法触达你的潜在客户。

因此，做视频营销时，除了内容策划和软件使用外，你还需要配置相关硬件。

不过，保险代理人不是专职的视频运营者，所以配置最基础的硬件器材即可，如表 7-1 所示。

表 7-1　视频营销的硬件器材一览表

序号	器材名称	器材用途	购买时，搜索关键词
1	拍摄设备	拍摄视频	高清手机或数码单反相机
2	收音设备	减少杂音，让人声更清晰	收音话筒、采访话筒
3	灯光设备	提供辅助光线，使真人出镜时画面更柔和	补光灯、补光棒
4	支撑设备	支撑手机或相机，让镜头画面不抖动	三脚架、手机支架
5	稳定设备	常用在运动过程中，让画面更稳定	稳定器、手持云台

在互联网上，每一项技术创新都会创造大量机会。5G 时代刚刚开启，建议你一边按照本章的技巧开始视频营销工作，一边继续关注各大平台的最新案例，让你的视频营销玩法持续升级。

【知识卡：本章回顾导图】

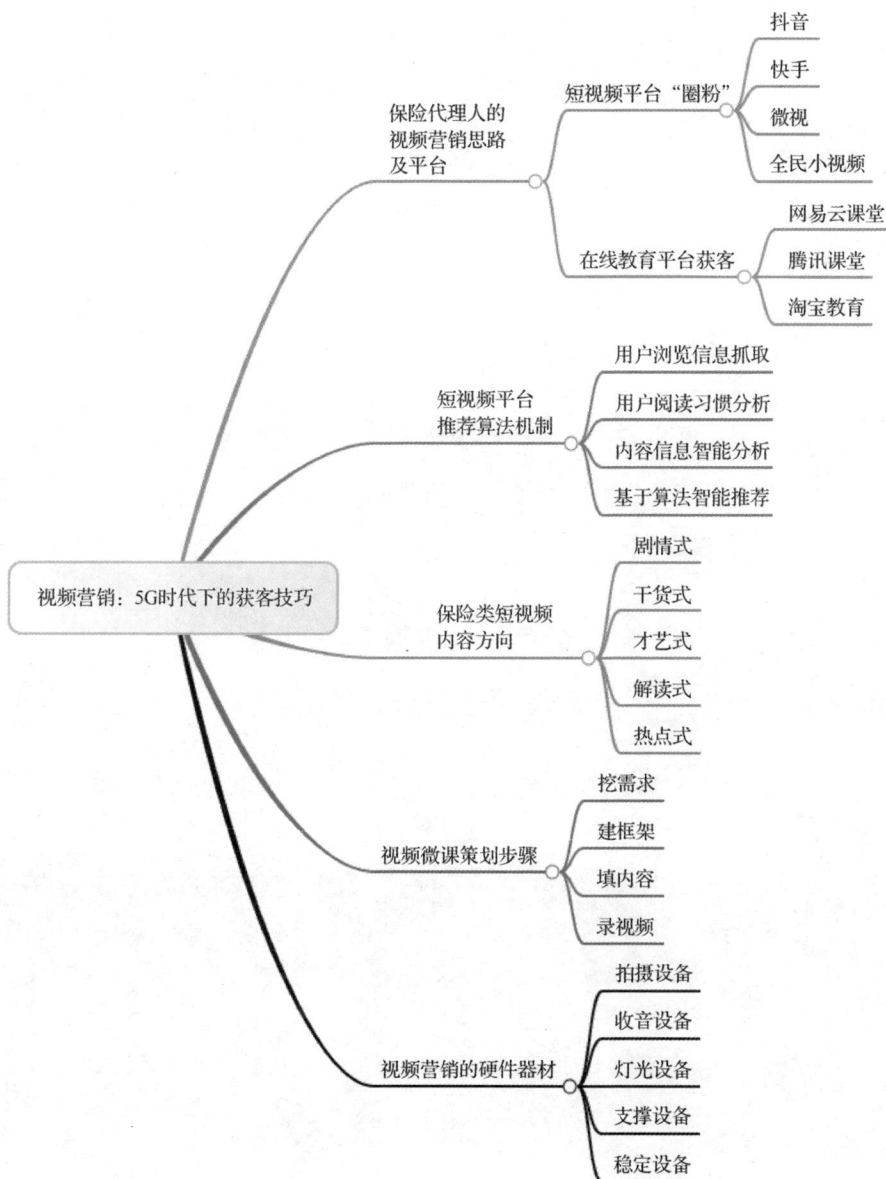

视频营销：5G时代下的获客技巧
- 保险代理人的视频营销思路及平台
  - 短视频平台"圈粉"
    - 抖音
    - 快手
    - 微视
    - 全民小视频
  - 在线教育平台获客
    - 网易云课堂
    - 腾讯课堂
    - 淘宝教育
- 短视频平台推荐算法机制
  - 用户浏览信息抓取
  - 用户阅读习惯分析
  - 内容信息智能分析
  - 基于算法智能推荐
- 保险类短视频内容方向
  - 剧情式
  - 干货式
  - 才艺式
  - 解读式
  - 热点式
- 视频微课策划步骤
  - 挖需求
  - 建框架
  - 填内容
  - 录视频
- 视频营销的硬件器材
  - 拍摄设备
  - 收音设备
  - 灯光设备
  - 支撑设备
  - 稳定设备

第 8 章 ————————————————

实用工具：提升保险成交效率

8.1　社群运营工具：群空间助手

保险代理人做社群营销的主要载体是微信群，不过微信群的功能较为简单，常会出现"群图片、群视频消耗手机存储空间""重要群消息难以找到"等问题。

"群空间助手"小程序可以很好地解决以上问题。它可以永久存放群文件、照片，同时还有发布群通知、群投票等功能，具体的使用步骤如下。

第一步：查找

在手机端微信小程序的搜索输入框中输入关键词"群空间助手"，如图 8-1 所示，点击搜索结果中的"群空间助手"后就可以进入小程序的主界面。

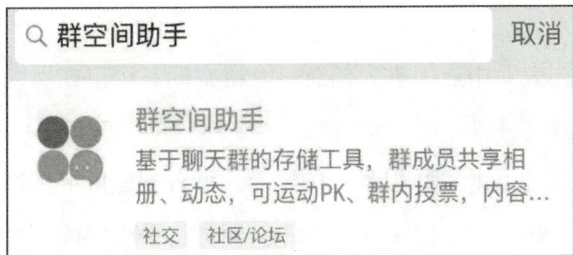

图 8-1

第二步：登录

第一次使用"群空间助手"时会提示授权登录，点击"授权并登录"按钮后即可进入小程序。进入后，在小程序首页点击"群空间列表"或"我发布的"按钮，如图8-2所示，可看到所有参与的群空间内容。

图 8-2

第三步：创建

点击"群空间列表"页面最上端的"创建微信群空间"按钮，即可将该小程序转发到微信群中。创建微信群空间必须先转发至微信群才能够使用，转发完成后即可在列表中看到新建的微信群空间，如图8-3所示。

第四步：上传

在"群空间列表"中点击进入任意一个群空间，可以在群内发起群通知、群相册、群打卡、群文件等。

以群相册为例，点击"群相册"按钮后，可看到该群上传过的所有图片和视频；点击页面最底端的"上传图片"按钮，即可将手机中的图片上传到群空间相册，如图8-4所示。

图 8-3

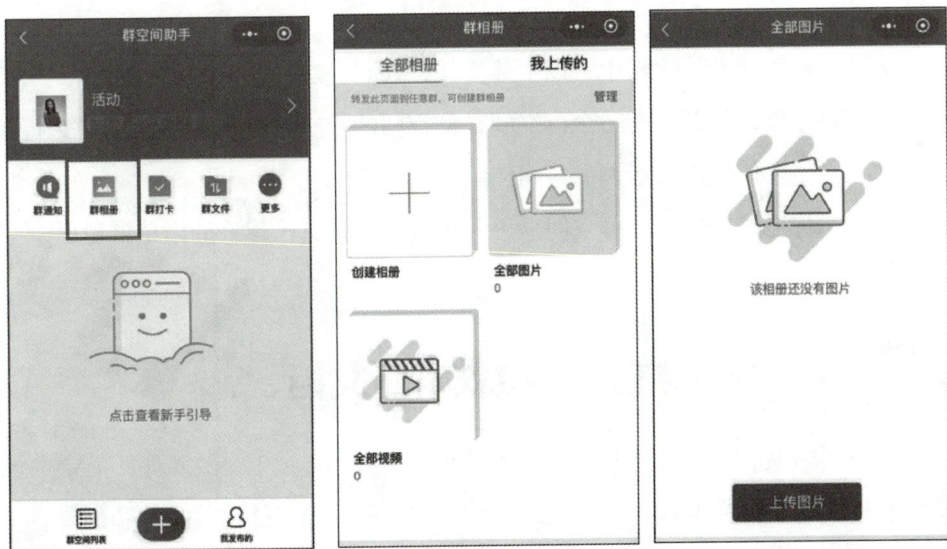

图 8-4

第五步：发布

确定上传的图片无误后，可添加对图片的描述，点击页面最底端的"发布"

按钮，即可完成上传和发布，群内的所有成员可看到内容，如图 8-5 所示。

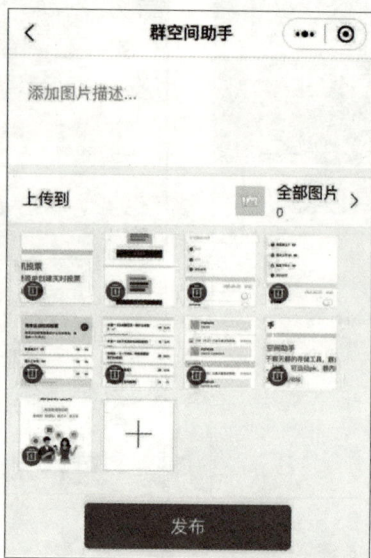

图 8-5

另外，群里的其他伙伴也可以上传文件，共同创建、完善群空间资料。

目前每个微信群只能有一个群空间，群空间的唯一性也避免了资料重复上传的问题，方便微信群内所有人员共同使用。

现在，你可以尝试用"群空间助手"小程序，在自己建好的微信群里做一个群空间，并上传一些照片进去吧。

8.2 极简微课工具：微软听听文档

微软听听文档由微软中国 Office 团队出品，是 Office 365 微助理产品中的微信小程序。它支持为 Word、PPT、PDF、Excel、图片等多种类型文档添加语音，可以实现一边查看文件，一边听创作者录制的语音。

你可以用"微软听听文档"做保险产品说明、保险热点解读、客户方案讲解等，随后在微信群或朋友圈进行推广。

此处以"为什么要购买保险"的听听文档为例，介绍其使用步骤。

第一步：查找

进入手机端微信小程序查找界面，在搜索框查找"听听文档"，点击"微软听听文档"进入该小程序，如图 8-6 所示。

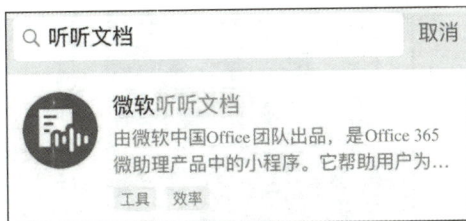

图 8-6

第二步：创建

小程序页面底端分别是"首页""创建""我"三个选项，你可以在"首页"中看到平台上推荐的优质文档，并可以打开几个文档作为参考。点击第二个"创建"按钮，即可制作自己的听听文档。文档可以从云盘、手机、电脑、公众号 4 个渠道中任选一个，如图 8-7 所示。

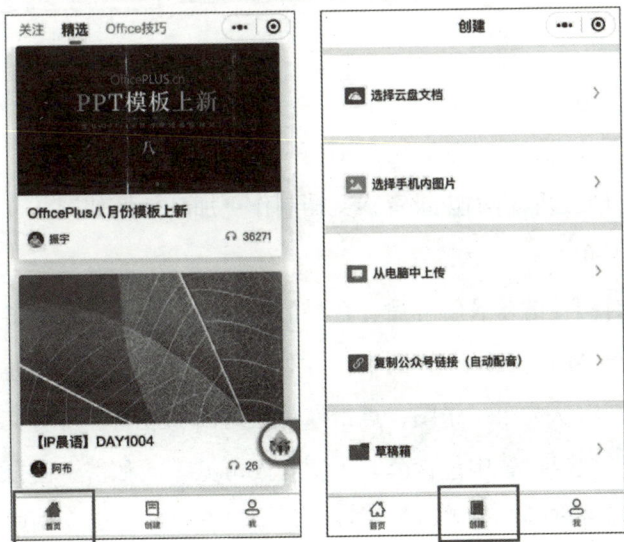

图 8-7

假如你要制作一份"保险知识培训"的听听文档，为此专门制作了9张图片，关于风险管理、保险概述、保险合同等内容。此时你可以点击"选择手机内图片"按钮，自动进入手机相册，勾选需要的图片，点击页面右上角"完成"按钮即可进入制作页面，如图 8-8 所示。

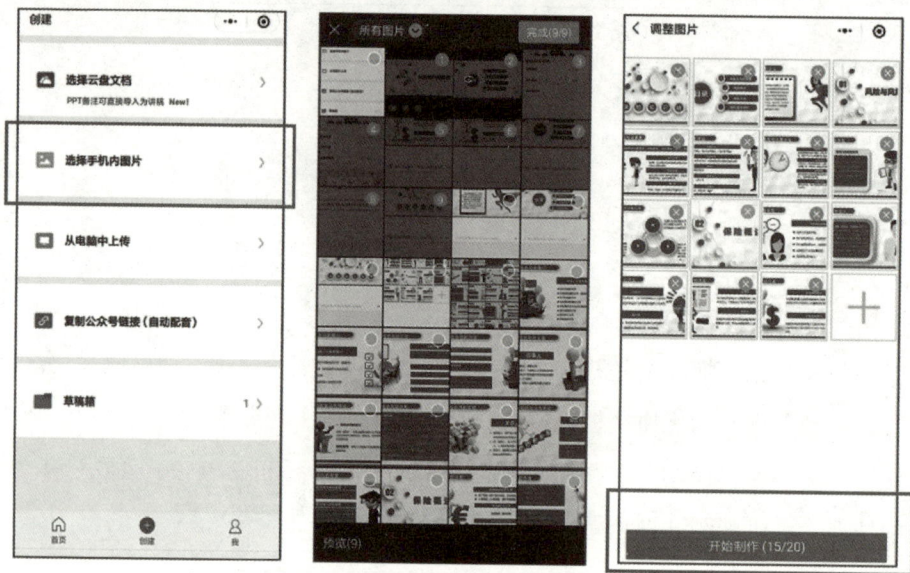

图 8-8

第三步：配音

将所需的图片上传完成后，可针对每一张图片进行配音解释，另外还可以手动输入讲稿，方便边看讲稿边录音，文档制作更加高效，如图 8-9 所示。

第四步：发布

完成对所有图片的录音解释后，在最后一张图片的右下角点击"制作完成"按钮可进入发布界面。在发布界面中，可对其封面、标题等属性进行设置。

文档的封面默认为第一张图，点击"更换封面"按钮即可对其更换；接着为文档设置标题，权限设置中包含公开（所有人可见）、私密（仅自己可见）、我分享的人（仅我分享的部分人可见）三个选项设置；还可为文档增加标签，更方便客户的搜索。

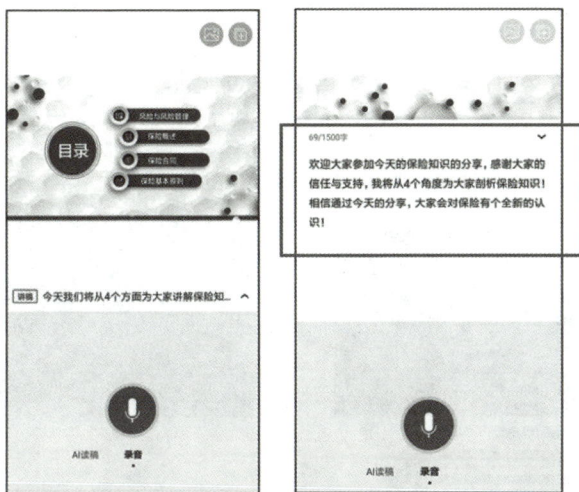

图 8-9

最后，点击页面右下角的"发布"按钮，即可完成主题"保险知识培训"的听听文档，如图 8-10 所示。

图 8-10

第五步：转发

完成文档发布后，你可以直接进入文档的收听页面，文档的最下方有操作按钮，从左到右分别代表收听、转发、收藏和评论。

如果需要将该文档转给微信好友，点击第二个"转发"按钮，可直接转发，也可以生成二维码，发给其他平台的好友。另外，你也可进行权限设置、复制作品、保存到云盘和删除等操作，如图 8-11 所示。

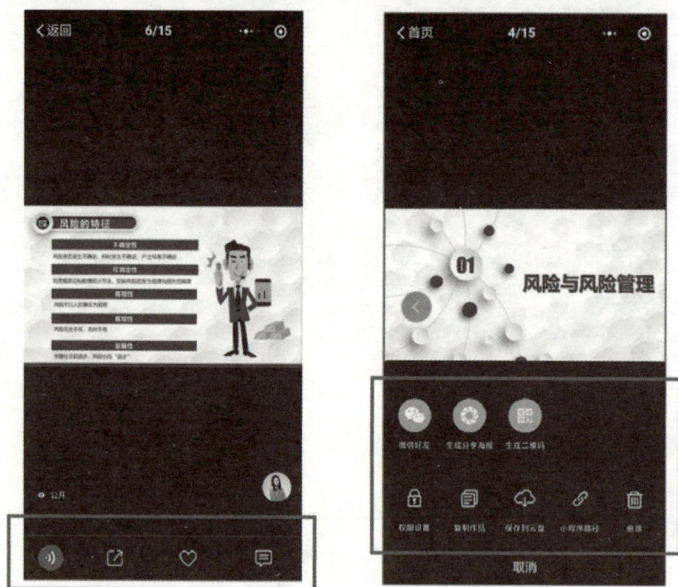

图 8-11

在学习了"微软听听文档"的使用方法后，你可以尝试以"30 岁男士必知的 5 条保险知识"为题，制作一个语音文档，并将其生成二维码发在朋友圈中。

8.3 创意设计工具：Vgo微海报

在网上做营销离不开海报宣传，好的海报可以为朋友圈、微博等内容增色。

与传统线下宣传单不同，新媒体海报不需要进行复杂的设计，借助海报工具即可快速完成。在这里，推荐给你一款简洁好用的微信小程序——Vgo 微海报。

第一步：搜索点击

在手机端微信中点击"发现"—"小程序"，在搜索框中查找"Vgo 微海报"

后，点击进入小程序，如图 8-12 所示。

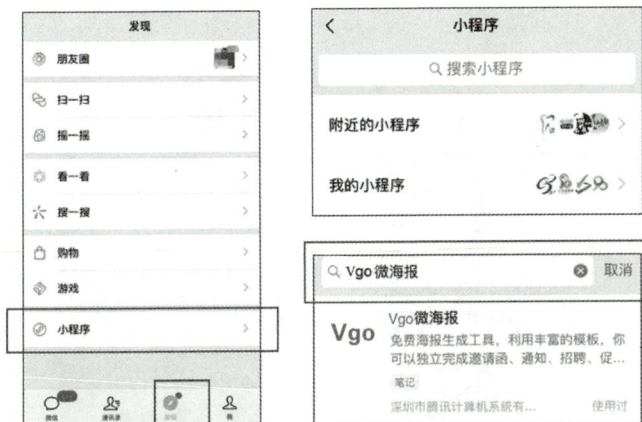

图 8-12

第二步：选择模板

进入小程序后，首先映入眼帘的是海报模板的分类和缩略图，模板分类中包括生日、邀请函、通知、运动、旅行、教育、招聘、推荐、节日等。

假如你打算邀请客户参加公司举办的答谢晚宴，需要设计一张邀请函海报，那么可以选择"邀请函"，如图 8-13 所示。

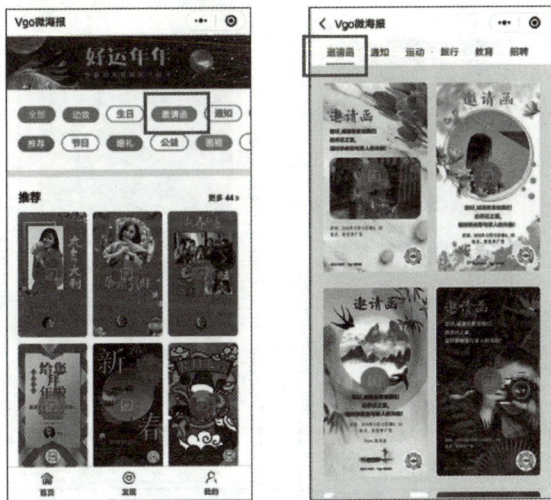

图 8-13

第三步：修改模板

打开模板后，点击高亮区域即可替换文字、图片等元素，如图 8-14 所示。

图 8-14

第四步：下载海报

确定修改完成海报后，点击"生成海报"按钮，并点击"下载图片"按钮，即可将海报图片保存到手机相册中，如图 8-15 所示。

图 8-15

接下来，请你在小程序"Vgo 微海报"里找到合适的模板，试着做一张节日专属海报，随后发在朋友圈吧。

8.4　文档协同工具：石墨文档

石墨文档是一款支持云端实时协作的企业办公服务软件，可以实现多人同时在同一文档及表格上进行编辑和实时讨论，同步响应速度达到毫秒级，非常适合团队协作编辑。你可以下载手机端 App，也可在计算机端进行编辑，如图 8-16 所示。

图 8-16

不少保险团队的伙伴会遇到"同步流程烦琐"的问题——同一篇文档由 A 人员撰写初稿，B 人员补充。传统方法是用计算机制作 Word 文档，然后在微信群互相传送修改。这样的方法效率极低，中间造成多个文件传送导致计算机存储浪费，且在多人互相传送中易出现更新版本出错的问题。

使用石墨文档软件，可以解决以上问题。

（1）邀请一同协作：添加协作者，邀请同事来一起协作，运营者可以自行控制文档或表格的协作权限。

（2）多人同步编辑：在多人同步编辑时可以实现同步操作、实时更新，并且可以看到更新的部分来自哪一位编辑者，大大提高效率。

（3）实时保存更新：文档/表格实时保存在云端，即写即存。在编辑过程中，文档页面上方会实时提示文档的状态。

（4）找回过去版本：所有的编辑历史都将自动保存，随时追溯查看，还可一键还原到任一历史版本。

使用石墨文档软件进行文章排版、字体加粗、图片插入等操作，与 Office 办公软件 Word 的文字处理相似，此处不再赘述。

对保险代理人而言，必须重点掌握的是石墨文档软件的同步处理功能。

使用石墨文档软件的同步处理功能，主要包括两种角色：创建者及参与者。

1. 创建者：撰写文章并添加协同

第一步：撰写文章

在手机端打开石墨文档软件后，新建文档（见图 8-17）撰写文章并保存，确保文章上端出现"自动同步成功"的字样，即为保存成功。

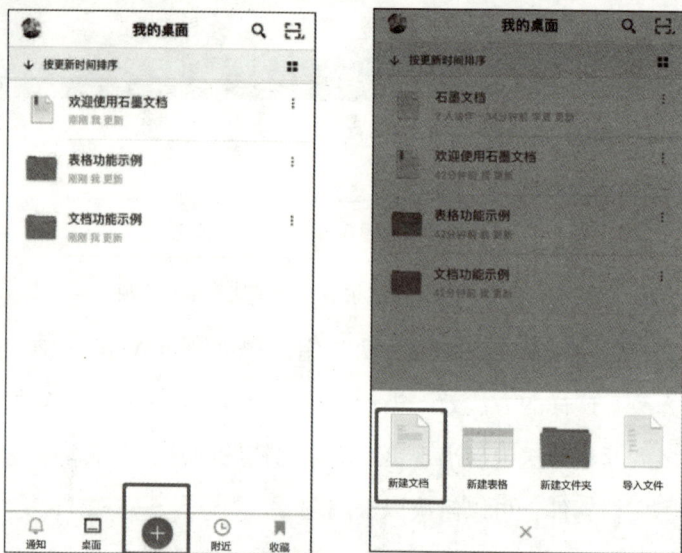

图 8-17

第二步：添加协作者

点击文章右上方"…"符号，选择"协作"按钮，即可通过输入"姓名/邮

箱 / 手机号"添加协作者（见图 8-18），点击后对方会收到链接，协作者点击链接直接进入即可编辑。

第三步：分享文档链接给其他人员编辑

点击文章右上方"分享"按钮，选择"分享私有链接"选项，即可看到"公开可写""公开只读""私有"3 个选项。

选择"公开可写"选项，任意人员都可以编辑；选择"公开只读"选项，所有人只能看不能编辑；选择"私有"选项，仅创建者可见，如图 8-19 所示。

图 8-18

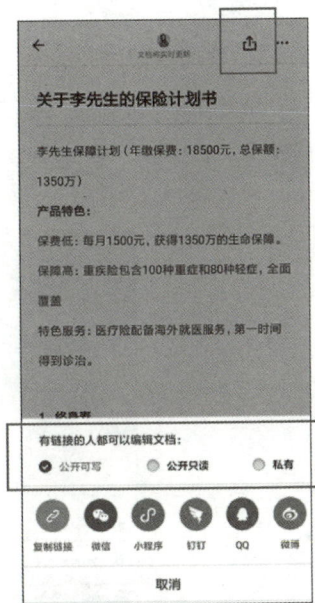

图 8-19

2. 参与者：沟通思路并同步编辑

实现实时沟通想法，参与者在文档中点击最上方的自己的头像，即可进入"讨论区"实时沟通。

例如，你的团队里，有一位新成员打算帮助客户制作一份保险计划书时，你和团队其他伙伴可以在讨论区充分表达自己的想法，如图 8-20 所示。

在使用石墨文档软件时，用好以下 2 个小技巧，可以进一步提升你的效率。

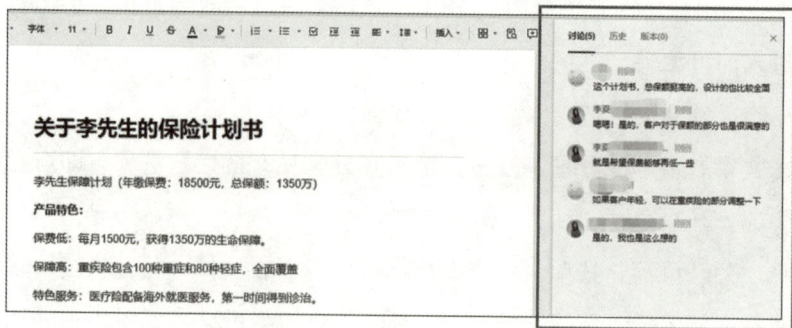

图 8-20

1. 快速找回过去版本

如果在修改过程中误删了某些文字，或者需要再找到旧的版本，点击文档右上角"…"按钮，选择"查看历史"即可找到旧的版本，如图 8-21 所示。

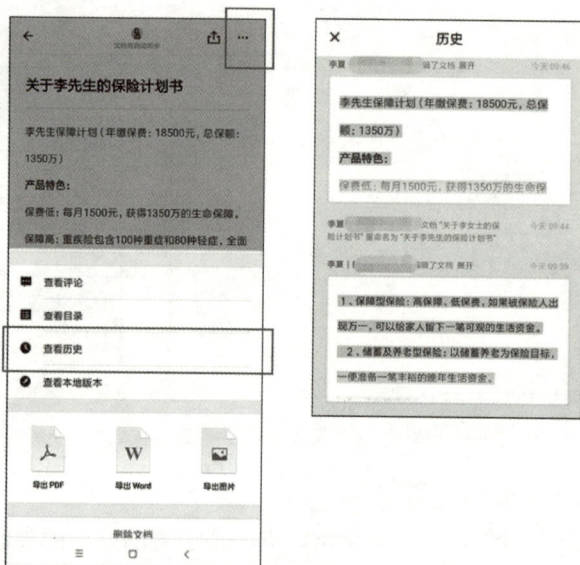

图 8-21

2. 建立团队空间，更快协作

为了方便团队协作，石墨文档软件为用户提供建立团队专属的协作空间的功能。

点击自己的头像，选择"团队空间"后面的"⊕"按钮，设置团队空间的名称和团队全员的权限，即可创建一个团队专属的协作空间，实现实时沟通与编辑，如图 8-22 所示。

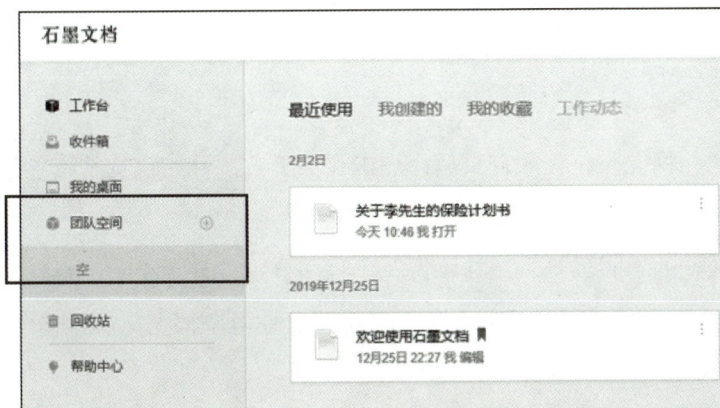

图 8-22

现在，你可以尝试在"石墨文档"列出关于下周的获客计划，随后邀请团队伙伴一起进入链接，给你提出建议。

8.5　客户回馈工具：礼物说

保险代理人需要定期做客户回馈，为客户送出"走心"的礼物，通常做法是"买回来再邮寄出去"，在此过程中还需要统计客户的地址和联系方式，比较耗费精力。

使用"礼物说"小程序，可以让你的客户回馈变得更简单高效。

"礼物说"是一个微信送礼的小程序，可支持直接送礼和抽奖送礼，当你购买礼品后发给接收者，接收者自行填写地址后即可收到礼品。

第一步：查找

在手机端微信小程序的搜索框搜索"礼物说"小程序，点击进入该小程序，如图 8-23 所示。

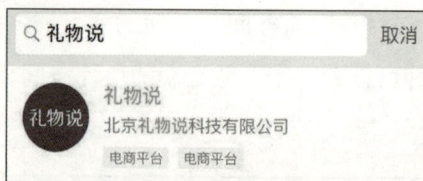

图 8-23

第二步：挑选

进入"礼物说"小程序首页后，点击页面上方"开始挑选礼物"按钮，可看到平台上的所有礼品分类。

根据送礼的不同场景，"礼物说"小程序分别设计了中秋、夏日、小心意、生日、结婚、商务、家电、家居等不同的分类，你可以根据需求挑选合适的礼品，如图 8-24 所示。

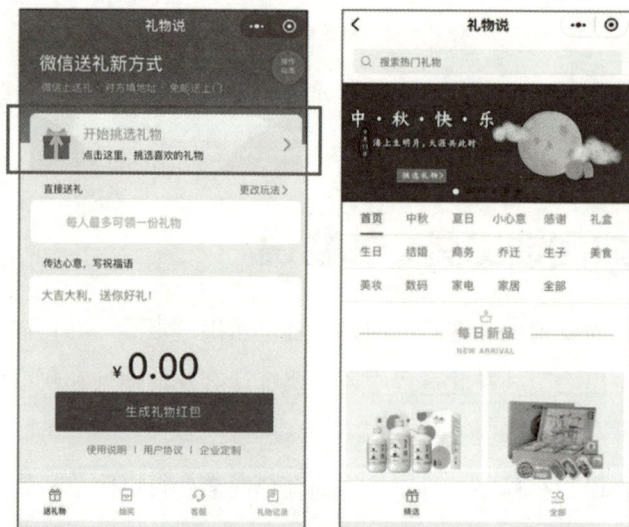

图 8-24

第三步：支付

找到合适的礼品并点击"立即购买"按钮后，你可以确认数量，完成支付，如图 8-25 所示。

图 8-25

支付后，你可以直接将"礼物"转发到客户群，或者专门发给某位客户，请对方进入"礼物说"填写收货地址。

除了常规的送礼方式外，"礼物说"还支持抽奖送礼，你可以通过这项功能，提高社群或朋友圈的活跃度。

抽奖送礼的操作方式和上述步骤类似，只不过在确认订单后，可以点击"更改玩法"按钮选择送礼的方式，其中有"直接送礼""定时开奖""满人开奖"3 种方式，如图 8-26 所示。

图 8-26

"直接送礼"是指发给指定的礼物接收者；如果将"礼物"发在群里，最快点开的客户会直接得到礼物。

"定时开奖"是指在指定时间开奖，你可以设置好一个开奖时间，然后在多个渠道宣传，吸引客户参与。

"满人开奖"是达到抽奖人数后开奖，参与者为了更快开奖，甚至会呼朋唤友来参与，帮助你提升活动人气。

当你完成抽奖送礼并发给好友后，通过"礼物记录"可以看到自己礼物的参与者、中奖者等信息，也可以看到自己参与和收到的礼物的信息，如图8-27所示。

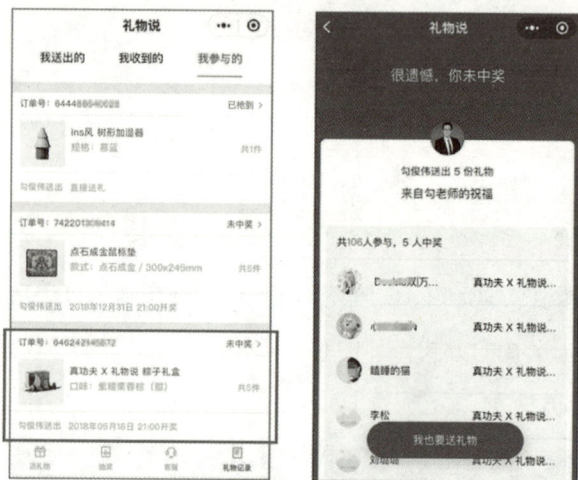

图8-27

在学习了"礼物说"使用方法后，你可以试着挑选一款小礼物并设置"定时开奖"，随后把"礼物"分享到朋友圈，和朋友圈的好友玩起来吧。

8.6 知识传播工具：KK录像机

在第7章中我们了解到，保险代理人视频营销有两种思路：短视频平台"圈粉"和在线教育平台获客。如果你打算采用第2种思路，往往要通过录屏软件，把策划好的优质课程录制并呈现出来。

常见的屏幕录制的软件主要有 KK 录像机、录屏大师、Bandicam、Camtasia Studio 等，此处以 KK 录像机为例，重点介绍其使用方法。

KK 录像机是一款集游戏录像、视频录制、视频剪辑、添加字幕、添加音乐等功能于一体的高清视频录制软件。

第一步：下载安装

从软件应用商店查找"KK 录像机"并安装到计算机上，打开软件即可操作，如图 8-28 所示。

图 8-28

第二步：设置参数

单击界面右上角"设置"按钮，可以设置视频录制的参数，包括常规、录制、热键、添加水印和自动录制。其中在"录制"选项中，可以对视频的清晰度、流畅度的参数进行具体设置。另外，在"录制"选项下一般要勾选"录制电脑播放声"和"录制麦克风"两个选项，如图 8-29 所示。

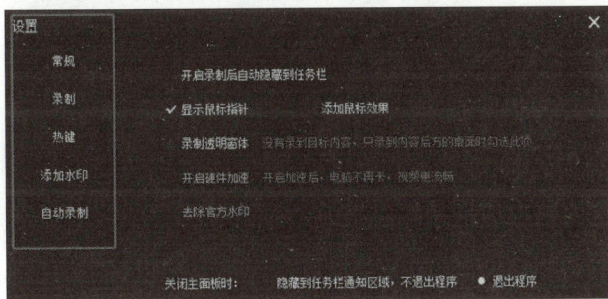

（a）

图 8-29

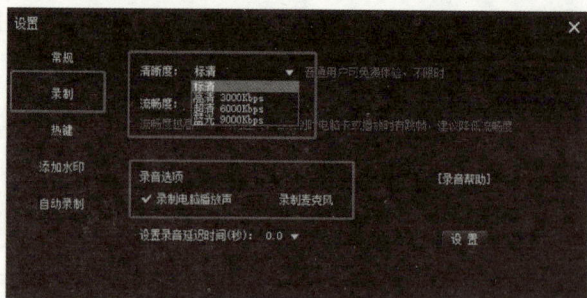

（b）

图 8-29

第三步：录制内容

录制界面的右侧按钮为"暂停""开始录制""拍照"功能，简单明了；左侧是录制方式选项，分别是"全屏模式""区域模式""游戏录制"，如图 8-30 所示。

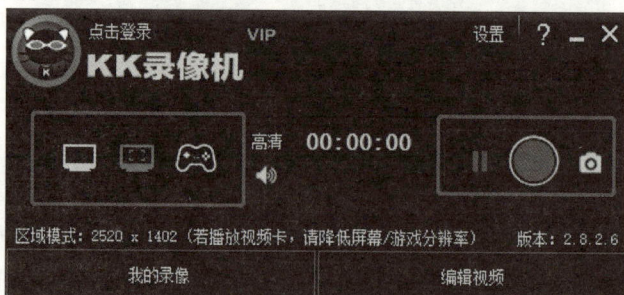

图 8-30

其中"全屏模式"指的是整个屏幕的录制，"区域模式"可以自定义屏幕录制的范围，而"游戏录制"特指计算机游戏界面的屏幕录制。

假如你要录制一个主题为"保险基本原则"的视频，打开做好的 PPT 后即可单击"开始录制"按钮（见图 8-31），录制完成后继续单击该按钮就可以结束。

第四步：视频操作

录制视频完成之后，单击界面左下角"我的录像"按钮可以看到录像保存路径，同时可以对这段视频进行播放、删除、压缩、修复和上传等操作，如图 8-32所示。

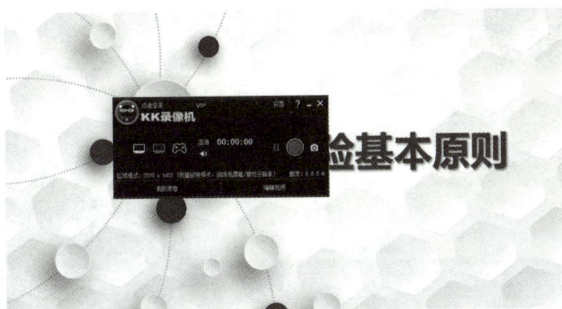

图 8-31

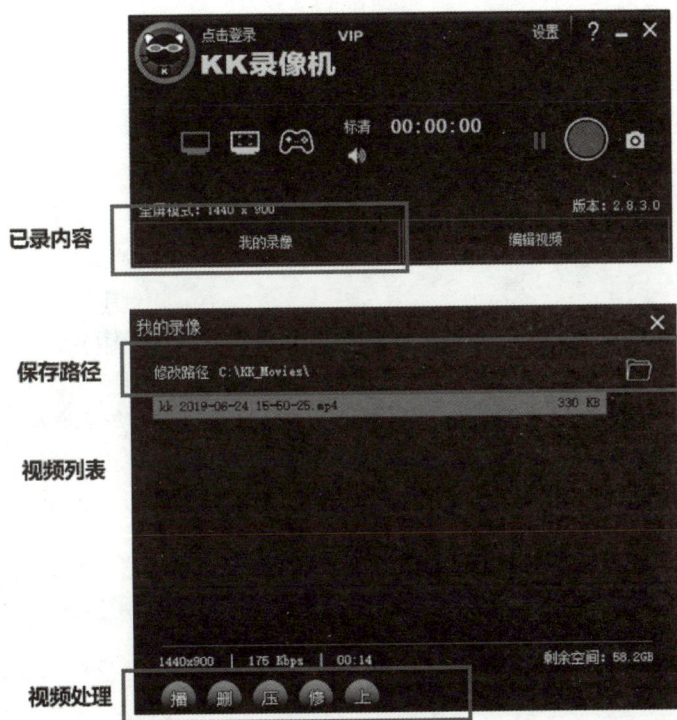

图 8-32

第五步：视频剪辑

单击界面右下角"编辑视频"按钮，可以进入多个视频的编辑。其中包括视频剪切、视频合并、添加字幕、添加音乐等功能，如图 8-33 所示。

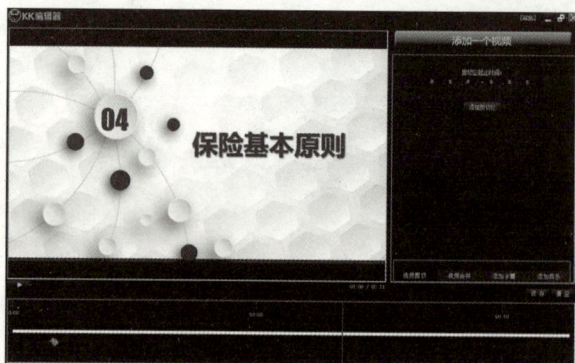

图 8-33

学习了这款软件后，你可以在计算机上打开一份产品文档，一边讲解一边录制，最终试着完成一个产品说明视频。

【知识卡：本章回顾导图】

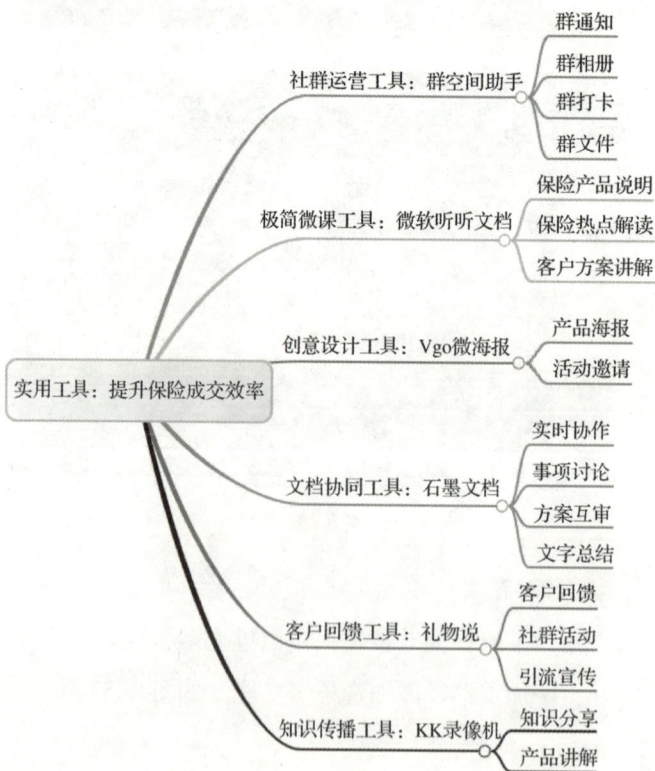